BRAUNSCHWEIGISCHES
LANDESMUSEUM

**EVANGELISCHE AKADEMIE
ABT JERUSALEM**
Theologisches Zentrum
Braunschweig

Herausgegeben im Auftrag
des Braunschweigischen Landesmuseums
und der Evangelischen Akademie Abt Jerusalem
von Uta Hirschler und Heike Köhler

KLEINE REIHE DES BRAUNSCHWEIGISCHEN
LANDESMUSEUMS BD. 9

Sandstein Verlag

KARIN DZIONARA

Reformation entdecken

Zwischen Heide, Harz und Leine

EIN REISE-LESE-BUCH

© 2017
Sandstein Verlag, Dresden
Karin Dzionara im Auftrag
der Evangelischen Akademie Abt
Jerusalem und des Braunschweigischen
Landesmuseums

Redaktion
Philipp Sulzer, Hans-Jürgen Derda
Braunschweigisches Landesmuseum

Lektorat
Sina Volk, Sandstein Verlag

Satz und Reprografie
Katharina Stark, Jana Neumann,
Sandstein Verlag

Gestaltung
Michaela Klaus, Sandstein Verlag

Druck und Verarbeitung
FINIDR, s.r.o., Český Těšín

Die Deutsche Nationalbibliothek
verzeichnet diese Publikation
in der Deutschen Nationalbibliografie;
detaillierte bibliografische Daten sind
im Internet über http://dnb.ddb.de
abrufbar.

www.sandstein-verlag.de
ISBN 978-3-95498-292-9

Kooperationspartner und Förderer

UNTER DER SCHIRMHERRSCHAFT
DES NIEDERSÄCHSISCHEN MINISTER-
PRÄSIDENTEN STEPHAN WEIL.

KOOPERATIONSPARTNER

FÖRDERER

Die Braunschweigische
Stiftung

Inhalt

ret noch vbeziebet niemand vnd finantzet den leutten nit das ihr ab
Dann welch schanckung nimmet kan nicht einem wie dem anderen
Recht vnd die gleichhait widerfahren lassen. Im letzten Buch Moi
xvj. Capittel:

1549

Editorial

Bekenntnisstark in Celle, pragmatisch in Braunschweig, revolutionär in Hannover, aufrührerisch in Göttingen und Goslar, innovativ in Calenberg. Martin Luther hat mit seiner Sichtweise auf das Verhältnis von Gott und Welt Bewegung in die Gesellschaft gebracht. In dieser von Umbruch und Beschleunigung geprägten Zeit gab es keinen Masterplan »Reformation«. Was in Wittenberg, Basel und Genf gedacht wurde, kam unterschiedlich an in den Pfarrhäusern und Kirchen, in den Ratsstuben und fürstlichen Kanzleien und im Lebensalltag der Menschen.

Zwischen Lüneburg und Hann.-Münden, Helmstedt und Loccum: Wir haben rund 50 Kirchengemeinden, Museen, Bibliotheken und Gedenkorte eingeladen, die mit uns zum 500. Reformationsgedenken 2017 auf diesen epochalen Umbruch blicken. Daraus ist das Netzwerk »Reformation im Fokus« entstanden. Beispielhaft und begleitend zur Sonderausstellung »Im Aufbruch. Reformation 1517 – 1617« in Braunschweig erzählen sie ihre Geschichte und Geschichten.

Die Journalistin Karin Dzionara hat sie aufgeschrieben. In sieben Routen malt sie ein lebendiges Bild von Orten der Reformation und regt an, sich selbst auf Spurensuche zu begeben. Uta Hirschler und Heike Köhler haben das Projekt in der braunschweigischen und hannoverschen Landeskirche koordiniert. Der Autorin und den Herausgeberinnen sowie allen Beteiligten danken wir für dieses Reise-Lese-Buch. Es wird auch über das Jahr 2017 hinaus ein guter Begleiter sein!

Heike Pöppelmann
Direktorin Braunschweigisches
Landesmuseum

Dieter Rammler
Direktor Evangelische Akademie
Abt Jerusalem

Vorwort

Von 1517 bis 1617 stand die Reformation im Mittelpunkt! Freiheit und Erlösung, zum Leben ermutigen und dem Nächsten dienen – Luthers reformatorische »Entdeckung« prägte die religiöse Identität der Menschen und ihre Zeit. Sie war damals Antrieb der wichtigsten Akteure und ist bis heute an steinernen Zeugen sichtbar.

2017 steht die Reformation wieder im Zentrum. Dazu lassen wir die steinernen Zeugnisse von früher erzählen: Klöster verwandeln sich in Schulen, Universitäten ziehen Gelehrsamkeit an und evangelische Pfarrhäuser gehören bald zu jedem Dorf. Kanzeln, Kelche und Emporen, Gesangbuch, Konfirmation und Leichenpredigt – das alles ist nicht mehr wegzudenken aus der Geschichte evangelischer Glaubenskultur, wie sie sich zwischen 1517 und 1617 entwickelte.

Was entdecken wir, wenn wir uns auf Spurensuche begeben? Ob in Lüneburg oder Göttingen, Loccum oder Helmstedt, in Braunschweig, Celle oder Hannover – überall standen markante Köpfe und ihre Visionen im Mittelpunkt: Johannes Bugenhagen, Urbanus Rhegius, Ernst der Bekenner, Antonius Corvinus, Elisabeth von Calenberg und später Martin Chemnitz oder Herzog Julius, um nur einige zu nennen. Und dazu die ungezählten Menschen der Reformation, die gemeinsam eine neue Zeit prägten.

Die Journalistin Karin Dzionara gibt Antworten und macht neugierig darauf, Orte der Reformation zu besuchen. Wir waren mit ihr unterwegs. Die Reisen haben zu diesem Buch geführt. Unser Eindruck: Immer noch sind es Menschen mit eigenem Kopf, Glauben und Gewissen, Ideen und Engagement, die Mut für die Zukunft machen. Ihnen widmen wir dieses Reise-Lese-Buch.

Wir danken den Kirchengemeinden, Museen und Einrichtungen, die uns ihre Türen geöffnet und sich am Netzwerk »Reformation im Fokus« beteiligt haben. Besonderer Dank gebuhrt der Autorin, Karin Dzionara. Sie hat dieses Reise-Lese-Buch zu einem echten Erlebnis gemacht. Ebenso danken wir dem Sandstein Verlag für seine konstruktive und kreative Betreuung des Projekts und Philipp Sulzer für die Bildredaktion.

Ihnen wünschen wir beim Lesen und Reisen überraschende reformatorische Entdeckungen und viel Freude!

Uta Hirschler
Pröpstin in Braunschweig

Heike Köhler
Oberkirchenrätin in Hannover

Aufbruch-stimmung

Unterwegs finden sich viele Zeichen des Aufbruchs. Etwa die Graffiti, mit denen sich angehende Studenten im ehemaligen Zisterzienserkloster Mariental bei Helmstedt an den Wänden der sogenannten Inschriftenkammer verewigt haben – rätselhafte Botschaften künftiger protestantischer Führungskräfte. In der Kirche St. Katharinen zu Groß Vahlberg hinterließ eine wohlhabende Stifterin mit ihrem monumentalen Alabaster-Epitaph eine Art Bilderbibel für benachteiligte Jugendliche. Bildung für alle – dieser Anspruch gehörte zu den Zielen der Reformation, er prägt die politischen Debatten bis in die Gegenwart. Wie in einem Comic entfaltet sich an den Fassaden der alten Lateinschule in Alfeld der humanistisch geprägte Lehrplan der Reformatoren: Auf ihrem Weg hinauf in die Welt des Wissens werden die Schüler von Engeln begleitet.

Zu den größten Kostbarkeiten jener Epoche gehört in Norddeutschland der prachtvolle Bilderzyklus der Celler Schlosskapelle. Ein frommer Landesvater, der seinen Kindern aus der Bibel vorliest – das programmatische Glaubensbekenntnis in vielen Szenen vermittelt einen Blick auf das idealisierte Familienleben am protestantischen Hof und gleicht damit fast einer modernen Homestory. Einblicke in das Leben der Reformationsfürstin Elisabeth von Calenberg geben die Gemächer in ihrem Residenzschloss in Hann. Münden, dort führte die engagierte Lutheranerin einige Jahre lang die Regierungsgeschäfte. Die kleine Stadt am Zusammenfluss von Werra und Fulda ist heute einer von rund 30 »Frauenorten« in Niedersachsen.

In diesem Reise-Lese-Buch finden sich keine Restaurant-Tipps, Rundtouren oder Radwegekarten. Stattdessen sollen Gedankenfäden verknüpft, Orte und Personen miteinander vernetzt werden. Die sieben Routen, die durch ehemals welfische Lande führen, folgen dabei jeweils einem Leitthema. Längst nicht alles, was sich noch entdecken ließe, kann in diesem Rahmen Erwähnung finden, und anderes, was mehr Raum verdient hätte, lässt sich nur kurz streifen. Auf dem Weg liegen Museen, Plätze, offene Kirchen, Radwegekirchen oder Pilgerstationen. Einige Routen eignen sich für einen Tagesausflug, manche Orte als Einzelziel oder als individuelle Abzweigungen. Je nachdem, wie tief man in die Geschichte(n) eintauchen möchte.

Auch die sechs Lüneburger und fünf Calenberger Klöster wurden mit der Reformation nicht aufgelöst, seitdem leben dort evangelische Frauen in christlicher Gemeinschaft zusammen. Als Orte zeitgemäßer Spiritualität ziehen sie zahlreiche Besucher an.

Kirchen und Klöster prägen Landschaften, Dörfer und Städte. Sie gehören zu den zentralen Erinnerungsorten einer modernen offenen Gesellschaft. Denn sie erzählen Geschichten. Vom Glauben, von den Menschen und von den Ereignissen, die damit zusammenhängen.

In diesem Sinn – gute Reise!
Karin Dzionara

»Wege entstehen dadurch, dass wir sie gehen.«

Das Zitat, das dem Prager Schriftsteller Franz Kafka zugeschrieben wird, soll dabei als Motto dienen. Dieser Satz wurde in einen Wandteppich eingearbeitet, der im Foyer des Theologischen Zentrums in Braunschweig hängt. Das Institut liegt auf dem Areal des ehemaligen Franziskanerklosters Hinter Brüdern. Im Rhythmus des Kirchenjahres werden dort zeitgenössische Kunstwerke aus der Paramentenwerkstatt der von Veltheim-Stiftung im Kloster Marienberg präsentiert. Das ehemalige Augustiner-Chorfrauen-Stift wird heute als evangelischer Frauenkonvent weitergeführt.

»Eine unglaublich bewegte Zeit«

Die Reformation verlief
in unterschiedlichen
Geschwindigkeiten und oft
auch in mehreren Anläufen.
Doch dann veränderte sie
die Gesellschaft. Und heute?
Woran können wir 500 Jahre
später anknüpfen? Dazu auf ein
Wort mit den Landesbischöfen
Ralf Meister, Hannover, und
Christoph Meyns, Braunschweig.

UNSICHERHEIT, UMBRÜCHE, NEUBEGINN.
DAS KLINGT SEHR MODERN. WAS TRIEB DIE
MENSCHEN VOR 500 JAHREN EIGENTLICH
DERART UM, DASS SIE VIELERORTS DEN
AUFBRUCH WAGTEN?

>> **Bischof Meyns** Es hatte ja schon einen
jahrhundertelangen Reformprozess innerhalb
der Kirche gegeben, bevor Martin Luther mit
seinen Thesen diesen Prozess nochmals derart beschleunigte. Das Neue ist, dass es der
Kirche nun nicht mehr gelingt, diesen Protest
zu integrieren.

>> **Bischof Meister** Es war eine unglaublich
bewegte Zeit um 1500 mit einer Intensität des
religiösen Erlebens, die es zuvor so noch nie
gegeben hatte. Ablasswesen, Marienfrömmigkeit und teilweise abergläubische Haltungen
dominierten das religiöse Leben. Wir haben
zugleich eine dynamische Entwicklung innerhalb der geistigen Strömungen in Philosophie
und Theologie. Zudem stärkte das Anwachsen
der Städte die Laien, die das religiöse Sozial-
gefüge veränderten. Der religiöse Himmel war
noch geschlossen und jeder suchte seinen
Halt und sein Heil in der Kirche. Durch den

Handel, durch den Buchdruck, durch die Nutzung neuer Medien in der jeweiligen Volkssprache, ich denke da beispielsweise an die Flugblätter, fanden neue Ideen schnell Verbreitung. Das Selbstbewusstsein der Menschen wuchs und damit auch der Protest gegen bestehende Zustände und der Mut zu Veränderungen. Es kamen viele Dinge zusammen. Vermutlich brachte Martin Luther nur das Fass zum Überlaufen. Die Kirche hat versucht, es zu verhindern, aber sie scheiterte auf zwei Ebenen – theologisch und machtpolitisch. Die neuen Bewegungen waren in ihrer Wirkung auch lokal so stark, dass die Kirche sie nicht mehr kontrollieren konnte.

DIESE ENTWICKLUNG HATTE WEITREICHENDE POLITISCHE KONSEQUENZEN. DAS GALT AUCH FÜR DIE WELFISCHEN FÜRSTENTÜMER IM HEUTIGEN NIEDERSACHSEN. WOHER KAM DIESE ENORME SPRENGKRAFT?

>> **Bischof Meyns** Das Reich fiel auseinander, die Territorialfürsten in Deutschland erstarkten, dafür gibt es genügend Beispiele allein in dieser Region. In einer derart aufgeheizten Situation haben abweichende Meinungen überhaupt erst eine Chance, sich durchzusetzen. Zumal es auch Fürsten gab, die schon früh die Reformation unterstützten. Dazu gehört etwa Ernst der Bekenner, er führte 1527 in seinem Herzogtum Lüneburg die Reformation ein, oder auch Elisabeth von Calenberg. Das Befreiende war, glaube ich, der Ansatz Luthers, dass wirklich allein die Gnade entscheidend ist – und der Glaube, nicht der Ablass oder bestimmte Rituale. Luther wusste damals vermutlich gar nicht, in welches Wespennest er mit seinen Ablassthesen stach, denn dahinter

standen schließlich auch wirtschaftspolitische Interessen der Fürsten in Auseinandersetzung mit dem Papst. In diesem Zusammenhang denke ich an Herzog Heinrich den Jüngeren von Braunschweig-Wolfenbüttel. Er war ein Anhänger der katholischen Lehre, sicher auch aus politischem Kalkül. Die Situation eskalierte an verschiedenen Stellen. Normalerweise hätte es bei einem frömmigkeitstheologischen Streit unter Fachleuten bleiben können. Aber weil es dabei auch um Macht und Geld ging, bekam der Prozess eine eigene Dynamik.

JA, ES GING UM GELD, UM MACHT UND UM TERRITORIALE INTERESSEN. DOCH GING ES DEN MENSCHEN NICHT AUCH UM ETWAS GANZ ANDERES – UM DAS EIGENE SEELENHEIL?

>> **Bischof Meyns** Das stimmt. Das lässt sich ja noch heute an der Architektur der mittelalterlichen Kirchen ablesen, wir sehen das vor allem an den Chorräumen, die als Paradies gestaltet sind. Ein wunderbares Beispiel ist der Braunschweiger Dom mit seiner mittelalterlichen Deckenmalerei oder auch die Hildesheimer Michaeliskirche. Die Menschen hatten damals ein sehr anschauliches Denken von dem, was der Himmel ist. Wenn sie vor den Altar traten, hatten sie den Eindruck, sich dem Himmel zu nähern. Das war damals eine handfeste Realität.

>> **Bischof Meister** Ich glaube, dass man sich das heute gar nicht mehr vorstellen kann. Es fällt modernen Menschen schwer, an ein so geschlossenes religiöses Welt- und Geschichtsbild zu glauben. Wir können in der Art und Weise wie die Menschen vor 500 Jahren kaum noch glauben. Die Selbstverständlichkeit von

Ewigkeit, Gottes Gericht, dem Teufel als konkrete Macht, die Selbstverständlichkeit von der Wiederkehr Gottes sind alles zentrale Voraussetzungen für die Theologie Martin Luthers – aber den meisten Menschen kaum noch zugänglich. Für die Menschen damals aber war das eine Selbstverständlichkeit. Und deshalb stand die Angst um das eigene Seelenheil für sie im Zentrum. Das hieß ganz konkret: Gott richtet mich nach meinen Werken, weshalb die Beichte und der Sakramentsempfang vor dem Tod entscheidend waren, um in den Himmel zu kommen. Diese Blickrichtung ist meines Erachtens auch die erste wichtige Lehre im Umgang mit dem Reformationsjubiläum: Die Zeit der Reformation liegt sehr weit hinter uns, ein halbes Jahrtausend. Damals herrschte eine andere »religiöse Gemütslage«, es gab andere politische, soziale und kulturelle, theologische und philosophische Strömungen, die die Menschen in ihrem Glauben bestimmten. Wenn wir heute auf so eine Heerschar von »Luther-Anhängern« aus dem 16. Jahrhundert treffen würden, kämen sie uns teilweise sehr eigenartig vor.

>> **Bischof Meyns** Mit der Reformation ändert sich auch das Gottesbild. Das ist ein Paradigmenwechsel ähnlich wie die kopernikanische Wende: Nicht mehr der Mensch mit seinen frommen Werken steht im Mittelpunkt, es sind auch nicht mehr die Heiligen, die verehrt werden müssen, sondern im Zentrum steht Christus. Dieser radikale religiöse Perspektivenwechsel wirkt in dieser Zeit unglaublich befreiend, weil er auf allen Ebenen neue Energien freisetzt.

EINE ZENTRALE ROLLE SPIELTEN DAMALS DIE STÄDTE. WARUM HATTE DIE REFORMATION GERADE DORT SO GROSSE CHANCEN?

>> **Bischof Meister** Städte sind seit ihrer Gründung Zentren geistiger Freiheit gewesen. Sie sichern Nischen des geistigen und geistlichen Überlebens, ermöglichen eine Vielzahl von Haltungen und Anschauungen. Gerade deshalb band man später auch die Verleihung des Bürgerrechts in vielen Städten an die Konfession, um die Pluralität auszuschließen. In Hannover zum Beispiel hatten Altgläubige im Zuge der Reformation keinen Zutritt mehr zur Altstadt. Aber: Im Prinzip bieten die Städte erst einmal geistige Freiräume – politisch gesehen eine Geste der Freiheit, die sich auch innerhalb des städtischen Lebens abzeichnet. Stadtluft macht frei. Auch heute: Wer eine gute, wirkungsvolle Demonstration machen will, der geht in die Stadt, nicht aufs Land, Städte sind Aufmerksamkeitsgaranten. Ich denke da etwa an die Aufstände der Tuchmacher in Göttingen. In der Stadt werden die Informationen viel schneller transportiert, Netzwerke lassen sich viel effizienter aufbauen. Das war damals ganz genauso wie heute.

>> **Bischof Meyns** Viele Städte sahen natürlich einen Gewinn darin, vom Landesherrn unabhängig zu werden oder vom Bischof, beispielsweise in Hildesheim. Das hat eine Stadt auch attraktiv gemacht. Und in den Städten konzentrierte sich die Bildung, hier gab es schon vor der Reformation erste Rats- und Bürgerschulen.

MIT DER REFORMATION BEKOMMT DIE
BILDUNG EINEN NEUEN STELLENWERT. EIN
ANSCHAULICHES BEISPIEL IST DIE LATEIN-
SCHULE IN ALFELD. AUF DEN SCHMUCKFAS-
SADEN AN DEN AUSSENMAUERN DES FACH-
WERKBAUS ENTFALTET SICH DAS NEUE
BILDUNGSPROGRAMM.

>> **Bischof Meister** Ja, aber der Ansatz der humanistischen Bildung ist zum Teil auch schon vorreformatorisch. Im 15. Jahrhundert drängten humanistische Tendenzen über die Alpen nach Norden und in die Universitäten. Ich denke auch an Hansestädte wie Lüneburg, wo schon Jahrhunderte zuvor sogenannte Bürgerkirchen, also Stadtkirchen, gebaut wurden, um der Dominanz der geistlichen Macht entgegenzutreten. Das waren schon erste Emanzipationsbewegungen, und die Türme dieser Stadtkirchen ragen bis heute hoch in den Himmel. Das hat auch etwas mit Bürgerstolz zu tun. Heute würden wir vielleicht von der Bürgergesellschaft sprechen.

>> **Bischof Meyns** Schon im Mittelalter gab es in der Stadt Braunschweig fünf Weichbilde, sie hatten jeweils ihre eigenen Kirchen. Mit der Reformation begann eine große Bildungsoffensive. Heute leben wir in einer modernen, differenzierten Gesellschaft, in der die einzelnen Funktionssysteme Wirtschaft und Politik, Religion, Medien sauber voneinander getrennt sind. Das war damals nicht so. Das war ein Amalgam, wobei die Religion eine hohe politische und wirtschaftliche Bedeutung hatte. Deswegen konnte der religiöse Impuls der Reformatoren die wirtschaftlichen und politischen Prozesse derart in Gang setzen. Das wäre so heute gar nicht mehr möglich.

DABEI WAREN DIE PROTAGONISTEN WIE
LUTHER ODER SEIN ENGSTER MITARBEITER
PHILIPP MELANCHTHON NIEMALS HIER IM
NORDEN. WELCHE KRÄFTE WAREN IN DIESER
REGION BETEILIGT?

>> **Bischof Meyns** Luther war schon der Protagonist, aber ohne Melanchthon, ohne Bugenhagen, ohne Corvinus, ohne andere Wittenberger Professoren, die zusammen als Team gewirkt haben, hätte sich die Reformation so nicht entfalten können. Das gilt auch für die vielen Beamten, die im Hintergrund aktiv waren, oder die Ratsherren und Prediger vor Ort; die Reformation war ein Gemeinschaftswerk. Sie ist lokal ganz unterschiedlich abgelaufen, in Hannover anders als in Göttingen, Celle, Braunschweig oder Wolfenbüttel. Reformation gibt es nur im Plural. Aber es gibt so etwas wie einen gemeinsamen Geist, einen gemeinsamen Kern von theologischen Inhalten, von christlichen Praktiken, die umgesetzt werden, und die dann auch Folgen für das gesamte Gemeinwesen hatten.

EINE WICHTIGE ROLLE SPIELTE DIE MUSIK.
IN DER MARIENKIRCHE IN WOLFENBÜTTEL
IST DER KOMPONIST MICHAEL PRAETORIUS
BEGRABEN. GAB ES DAMALS AUCH NEUE
KÜNSTLERISCHE IMPULSE?

>> **Bischof Meyns** Ja, aber das, was Praetorius in Wolfenbüttel angestoßen hat, nahm dann eigentlich erst im 17. Jahrhundert richtig Fahrt auf, etwa mit Heinrich Schütz und dann mit Johann Sebastian Bach als Höhepunkt. Die Reformation war zunächst eine Sing-Bewegung. Der deutsche Choral, der von der Gemeinde im Gottesdienst gesungen wird, bedeutet eine aktive Beteiligung, eine Art erstes »Empowerment« der Menschen, das war damals ganz modern

Lieder wurden auch bei Demonstrationen der Protestanten gegen die Altgläubigen angestimmt, auf den Straßen in den Städten und Gemeinden. Wenn den Leuten der Prediger nicht passte, haben sie angefangen zu singen »Ein feste Burg ist unser Gott«. Das waren Protestgesänge wie heute auf Demonstrationen. Ich denke dabei auch an moderne Hymnen oder Pop-Balladen wie »Wind of Change«, an Lieder, die plötzlich eine hohe symbolische Bedeutung bekommen, weil sie in einem bestimmten Kontext ganz wichtig werden. Die historische Marktkirchenbibliothek in Goslar besitzt übrigens das einzige noch erhaltene erste evangelische Gemeindegesangbuch mit Luthers ersten Liedern, das sogenannte Erfurter »Färbefass-Enchiridion« von 1524. Für Luther spielte die Musik eine herausragende Rolle. Das gilt auch für die Kunst, Luther hat sich immer gegen den Bildersturm gewehrt.

IN DER REGION GAB ES SO GUT WIE KEINE BILDERSTÜRMER. WIR HABEN VIELE KIRCHEN UND KAPELLEN, DIE REICH MIT BILDERN AUSGESTATTET SIND. AN WELCHE DENKEN SIE DABEI ZUERST?

>> **Bischof Meister** Natürlich an die Schlosskapelle in Celle. Die Ausstattung ist geradezu gigantisch. Ich habe schon viele wunderbar ausgemalte Kirchen gesehen, aber so eine konsequent bis in den letzten Winkel mit Renaissancemalerei des 16. Jahrhunderts geschmückte Kirche zu erleben, hat mich komplett überrascht und überwältigt. Die gesamte Innenausstattung der Kapelle folgt der Theologie der Reformatoren. Wir engagieren uns hier auch als Landeskirche, das Konzept mitzufinanzieren, damit in dieser Kapelle wieder gepredigt werden kann. Derzeit muss sie aus restauratorischen Gründen geschlossen bleiben und lässt sich nur durch eine Glastür hindurch betrachten. Deutlich wird, dass mit der Reformation auch das Verhältnis zur Kunst neu justiert wird. Sie dient nicht mehr als Anbetungskunst, aber sie kann lehrend sein. Im Bereich unserer beiden Landeskirchen haben wir hier auf ehemals welfischem Gebiet im Blick darauf eine ganze Menge zu bieten. In dieser Phase werden auch die ersten freistehenden protestantischen Kirchen gebaut, in unserer Region hier gibt es einige Beispiele …

>> **Bischof Meyns** Ja, ich denke dabei sofort an die Marienkirche in Hornburg und »die große Schwester« in Wolfenbüttel.

AM ENDE DES AUFBRUCHS STAND JEWEILS DIE KIRCHENORDNUNG – IST DIESES ERBE NICHT ZUGLEICH AUCH EINE BÜROKRATISCHE BÜRDE, DIE HEUTE AUF DER AMTSKIRCHE LASTET?

>> **Bischof Meister** Nein. Ich gebe zu, es mag manchmal schwierig sein, in der Kirche der Freiheit eine Wertschätzung für die Ordnung zu finden, aber das eine gibt es nur mit dem anderen. Es gibt Freiheit nicht ohne Ordnung. Genau das hat Martin Luther ziemlich schnell begriffen, nicht nur aus äußeren Zwängen, sondern auch aus theologischer Verantwortung heraus. Als die Leute meinten, ihre neue religiöse Freiheit in einer Art spirituellem Irrsinn ausleben und machen zu können, wonach ihnen gerade der Sinn stand – weil es ihnen der Heilige Geist gerade eingegeben hat –, sagte Luther: »Sorry, so geht das nun auch wieder nicht.« Für die Gestaltung der zentralen Aufgaben innerhalb unserer Kirche brauchen wir Regeln und also auch eine Kirchenordnung.

Und dann kommt es sehr genau darauf an, was in ihr steht. Und was stand in den frühen Kirchenordnungen? Bildung. Zum einen die Qualifikation für diejenigen, die ins Amt kommen. Zum anderen die Bildungsverantwortung für das Volk, also vor allem der Aufbau des Schulwesens. Zudem ging es um ein Sozialprogramm, um die Organisation des Armenwesens. Deshalb ist mir besonders wichtig: Ordnung muss sich an den Inhalten qualifizieren. Ich kann das heute gut zusammen denken. Auch die große Freiheit unserer Kirche braucht eine Ordnung.

>> **Bischof Meyns** Die Braunschweigische Kirchenordnung von 1528, die Johannes Bugenhagen formuliert hat, galt bis 1705, dann wurde sie durch eine neue ersetzt und später weiterentwickelt. Ich glaube, wir brauchen Freiräume, nur dort kann Kreativität entstehen, wir brauchen aber auch Ordnung. Hier die Balance zu finden, das ist die eigentliche Herausforderung. Auch für die Zukunft.

>> **Bischof Meister** Das ist auch die Stärke Martin Luthers gewesen, dass wir damit den theologischen Grundgedanken des Priestertums aller Getauften durchhalten. Den Begriff »Priestertum aller Getauften« hat Martin Luther nur sehr reserviert benutzt. Diese Position meinte nicht: Jeder darf alles machen, sondern: Jeder ist gleichermaßen vor Gott befähigt, ihm in dieser Welt zu dienen. Wir können dem Einzelnen im Gegenüber zu Gott alles zutrauen und alle Freiheit geben. Aber damit das nicht zur Explosion von religiösen Ich-AGs führt, sondern eine stabile Gemeinschaft daraus entstehen kann, braucht man eine Ordnung und Menschen, die verantwortlich Ordnung halten.

DIE REFORMATION GELANG NICHT AUF KNOPFDRUCK. ES GAB VIELE ÜBERGANGSFORMEN. KÖNNTE MAN DARAN ANKNÜPFEN, UM 500 JAHRE SPÄTER ÜBER EINEN ÖKUMENISCHEN NEUSTART ZWISCHEN PROTESTANTEN UND KATHOLIKEN NACHZUDENKEN?

>> **Bischof Meister** Das Reformationsjubiläum 2017 ist das erste, das wir in tiefer ökumenischer Verbundenheit feiern. Das zeigt, dass vieles von den Trennungen und Verletzungen der vergangenen Jahrhunderte inzwischen überwunden ist oder gemeinsam getragen werden kann. Was ökumenisch in Deutschland passiert, ist weltweit einzigartig. Dass es uns gelingt, in der Akzeptanz der Trennung so versöhnt miteinander gemeinsam unseren christlichen Glauben zu feiern, ist ein großes Geschenk. Man muss nicht sehr weit reisen, um ganz andere religiöse oder konfessionelle Welten zu sehen. Deshalb wäre es schön, wenn dieses Reformationsjubiläum uns, aber auch den nachfolgenden Generationen besonders in diesem Punkt in Erinnerung bleibt: Da ist den beiden großen Kirchen in Deutschland und Europa etwas gelungen, was eine Generation vorher noch undenkbar gewesen wäre.

>> **Bischof Meyns** Ja, und diese Frucht können wir 2017 ernten, weil in den vergangenen 40 Jahren unglaublich intensiv daran gearbeitet worden ist. Auch wir als niedersächsische Bischöfe aus beiden großen Konfessionen arbeiten eng zusammen. Es gibt in den Kirchen einen gemeinsamen Blick auf Glaubensfragen, aber auch auf soziale und ethische Probleme. Die Bereitschaft, gemeinsam in die gleiche Richtung zu schauen, ist deutlich gewachsen. Dass viele Risse geheilt werden konnten, ja, das ist wirklich ein Geschenk 500 Jahre nach der Reformation.

Johannes Bugenhagen kommt

Mit rund 20 000 Einwohnern in fünf Stadtteilen gehörte **BRAUNSCHWEIG** im Mittelalter zu den Metropolen des Nordens. Der Reformator Johannes Bugenhagen kam 1528 aus Wittenberg an die Oker und entwickelte für Braunschweig eine Kirchenordnung – mit Modellcharakter für viele andere Städte. → Der Rundgang führt zu den Schauplätzen der Reformation bis zum ehemaligen Zisterzienserkloster **RIDDAGSHAUSEN** vor den Toren der historischen Stadt.

»[...] doch kann man sagen,

daß die Braunschweiger von vorn

herein eine Anlage zum Protestantismus hatten.

Das Anwachsen der Geistlichkeit wurde niemals

gern gesehen; noch im vollen Mittelalter

ließ sich die Stadt bei jeder Huldigung

versprechen, daß kein Kloster oder Stift in ihrem

Gebiet mehr gegründet werden solle.«

Ricarda Huch: Neue Städtebilder, 1919

Braunschweig

Der Aufstieg lohnt. Die 389 Stufen des einzig öffentlich zugänglichen und auch höchsten Kirchturms der Stadt führen himmelwärts in die Turmstube von **St. Andreas**. Um die Mitte des 16. Jahrhunderts gehörte der Südturm sogar zu den höchsten Türmen Mitteleuropas. Von der Turmstube aus können heute selbst Besucher, die nicht schwindelfrei sind, den Blick auf **Braunschweig** genießen – auf die mächtigen Türme der Gotteshäuser, die dem Reformator Johannes Bugenhagen den Weg wiesen, als er am Vorabend von Himmelfahrt 1528 die mittelalterliche Metropole an der Oker erreichte. Sein erstes Ziel war die St. Andreaskirche. In der Sakristei der Saalkirche aus dem 13. Jahrhundert wurde der Reformator aus Wittenberg am 20. Mai 1528 in sein Amt als »Lehrer und Prediger aller Kirchen der Stadt« eingeführt. Gut ein Dutzend Prediger, die sich der Reformation angeschlossen hatten, gaben hier dem Gesandten aus Wittenberg noch am Tag seiner Ankunft ihren Segen – und umgekehrt. Heute erinnert hier nichts mehr an die Ankunft Bugenhagens.

Johannes Bugenhagen, der Theologe, Freund und Seelsorger Martin Luthers, war damals Anfang 40, ein gestandener und erfahrener Kirchenmann. Wenige Tage vor seinem Aufbruch hatte er in Wittenberg seinen knapp zweijährigen Sohn Michael begraben, ein schwerer Schicksalsschlag für die Familie. In

Propagandabild des Protestantismus:
Der Papst im Höllenfeuer auf einer Gedenktafel
in der Kirche St. Andreas

Braunschweig stürzte sich Bugenhagen sofort in die Arbeit. Die Kirchenordnung, die er für die Stadt entwickelte, stellte das gesamte Gemeinwesen auf ein neues Fundament, sie regelte von nun an auch die Armenfürsorge und das Schulwesen, also soziale wie bildungspolitische Belange. Die Braunschweiger Kirchenordnung sollte zum Prototyp für zahlreiche Städte (darunter Hamburg und Lübeck) und Fürstentümer zwischen Dänemark und Pommern werden – Braunschweig war ein Multiplikator für die Reformation im gesamten Norden.

Im nördlichen Seitenschiff der St. Andreaskirche hängt eine Gedenktafel aus dem Epitaph des 1555 verstorbenen protestantischen Braunschweiger Bürgermeisters Melchior Elerdts, sie wurde vor wenigen Jahren wiederentdeckt. Ein Propagandabild des Protestantismus: Das Ölgemälde bezeugt, wie unüberwindbar groß

Braunschweigisches Landesmuseum:
Medaillon einer Ofenkachel mit Wendekopf-
motiv »Kardinal-Narr«

23

die Kluft zwischen den Lutheranern und der alten Kirche knapp drei Jahrzehnte nach Einführung der Reformation in Braunschweig war. Dargestellt ist der nackte Papst, der als Sünder im Höllenfeuer endet, zu erkennen lediglich an seiner Tiara. Das Signal ist eindeutig: Hier hat die weltumspannende Papstkirche ihre Macht verloren.

→ www.standreas.de; Emporencafé im Turm an den Wochenenden geöffnet

Die Fronten hatten sich verhärtet. Während sich die Bürger der Stadt Braunschweig früh für die neue Lehre Luthers begeisterten, blieb der Landesherr, Herzog Heinrich der Jüngere von Braunschweig-Wolfenbüttel, bis zu seinem Tod 1568 standhaft altgläubig und papsttreu. Er residierte im benachbarten Wolfenbüttel (Route 2). Allerdings hatten sich die Braunschweiger schon im Mittelalter ihre Privilegien gesichert und waren von ihrem Herzog weitgehend unabhängig. Viele Patrizier, Kaufleute, Fernhändler und wohlhabende Handwerker gehörten zum Bildungsbürgertum, Lehrer, Professoren und Prediger interessierten sich für die Ideen des Humanismus, der Buchdruck sorgte für eine schnelle Verbreitung neuer Gedanken und Impulse. Es war die erste Medienrevolution. Zu den wichtigen Buchdruckern jener Zeit zählte der Braunschweiger Hans Dorn. Bereits 1518 gab er eine der ersten Schriften Martin Luthers heraus. Die kleine **Liberei** von 1495 neben der St. Andreaskirche in der Neustadt erinnert an die Gelehrsamkeit der Braunschweiger. Damals bewahrte man in dem kapellenartigen Backsteinbau rund 300 Bücher und Schriften auf; die erste freistehende Bibliothek nördlich der Alpen war seinerzeit weit über die Grenzen der Stadt hinaus bekannt.

Im Herzen der Stadt:
Der Dom mit dem Übergang zur Burg Dankwarderode

Um 1500 war die Hansestadt Braunschweig mit rund 20 000 Einwohnern die größte Stadt auf dem Gebiet des heutigen Niedersachsens. Schon damals gab es insgesamt fünf Weichbilde, heute würde man von Stadtquartieren sprechen. Jedes Weichbild hatte eine eigene Kirche, hinzu kamen zwei Pfarrkirchen, zahlreiche Klöster und Kapellen sowie mitten in der Stadt der mächtige **Dom St. Blasii**. Alles in allem gab es rund 60 sakrale Gebäude und etwa 200 Altäre im Stadtgebiet – an Seelsorge herrschte also keine Not. Eher führte ein Überangebot an oft unzureichend qualifiziertem Kirchenpersonal zu Unmut unter den Gläubigen.

Eine Stadtgesellschaft im Aufbruch: Mit Blick auf die Reformation sprechen Historiker auch von einem »urban event«. In Braunschweig kam es vielerorts zu Unruhen. Von der St. Andreaskirche führt der Weg an der Alten Waage vorbei direkt in das »Epizentrum« der Reformation – in das ehemalige Franziskanerkloster **Hinter Brüdern**. Ein einflussreicher Ort, im Kreuzgang versammelte sich seit jeher der Rat der Stadt, an dieser Stelle wurde Politik gemacht. Inzwischen ist hier die Evangelische Akademie Abt Jerusalem mit dem Theologischen Zentrum untergebracht, eine Einrichtung der Evangelisch-lutherischen Landeskirche in Braunschweig. Die Bibliothek des Predigerseminars besitzt wertvolle Raritäten aus dem Mittelalter und der Reformationszeit – darunter auch eine frühe Ausgabe der Braunschweiger Kirchenordnung vom 5. September 1528. Bugenhagen hat sie vermutlich im sogenannten Bugenhagenzimmer über der Kapelle verfasst, denn dort war damals die Klosterbibliothek untergebracht.

Wertvoller Buchbestand:
Ein Blick in die Bibliothek des Predigerseminars im Theologischen Zentrum Braunschweig

In der **Brüdernkirche**, der Klosterkirche der Franziskanermönche, hielt der Reformator Johannes Bugenhagen am Himmelfahrtstag 1528 – nur einen Tag nach seiner Ankunft in Braunschweig – seine Antrittspredigt. Das Gotteshaus war besetzt bis auf den letzten Platz, auch vor der Kirche drängten sich die Menschen; heute würde man so ein »Event« wie die Bugenhagen-Predigt per Videoleinwand übertragen. Die Brüdernkirche wurde zur Predigtkirche der evangelischen Kirchenoberen (damals: Stadtsuperattendenten), unter ihnen wenig später auch der Reformator Martin Chemnitz. 1544 bekam das Gotteshaus den Doppelnamen St. Ulrici-Brüdern, die alte Pfarrkirche der Ulrici-Gemeinde im Weichbild Sack wurde abgerissen und die Gemeinde nach Brüdern verlegt. Das Inventar aus St. Ulrici zog mit. Dazu gehörte auch das Taufbecken von 1490, in der Brüdernkirche wurde es um 1600 mit einem filigranen Gitter umzäunt. Aus dieser Zeit stammt auch die Bemalung des mittelalterlichen Chorgestühls. Dargestellt sind die Kirchenväter der alten Kirche, in deren Traditionslinie nun die Reformatoren stehen: Martin Luther, Philipp Melanchthon, Johannes Bugenhagen und der spätere Braunschweiger Stadtsuperintendent Joachim Mörlin. An die frühen Reformatoren erinnert auch das farbige Predigerfenster im Hauptschiff.

Die historischen Kirchen prägen
die Altstadt: Blick auf Braunschweig
von Südwesten

Umfangreiche Teile des Renaissance-Lettners von 1594 wurden später in den Eingangsbereich der Kirche verlegt. Das protestantische Bildprogramm umfasst die Theologie vom Sündenfall bis zur Erlösung und wird nach lutherischer Tradition vom Gekreuzigten gekrönt: Rechtfertigung gibt es allein im Glauben. In der Brüdernkirche wird bis heute Gottesdienst nach der Liturgie der Luther-Zeit gefeiert.

➲ *Brüdernkirche sonnabends von 10 bis 12 Uhr geöffnet sowie vor den Gottesdiensten oder nach Absprache über das Gemeindebüro unter 0531/442 23*

Vor der Kirche am Alten Zeughof erinnert das Bugenhagen-Denkmal von Ursula Querner aus dem Jahr 1970 an den Reformator. Johannes Bugenhagen blieb mit seiner Familie bis Ende Oktober 1528, er lebte damals in der Neuen Straße. In der Stadt hat der Theologe Zeichen gesetzt. So notierte der Chronist: »Für Braunschweig war am 5. September 1528 eine neue Zeit angebrochen.«

Ein Jahr später kehrte Bugenhagen nochmals kurz nach Braunschweig zurück, denn die Umsetzung der Kirchenordnung mit ihren theologischen wie politischen Konsequenzen stellte die Verantwortlichen vor enorme Herausforderungen, es war ein mühsamer Prozess. In der kleinen mittelalterlichen **Petrikirche,** wenige Schritte von der Brüdernkirche entfernt, trafen sich Priester und Kapläne der dortigen Kalandbruderschaft regelmäßig, um gemeinsam zu

Messeplatz und Versammlungsort: Der Altstadtmarkt

Streit um den rechten Glauben:
Das Altstadtrathaus

Sakralgemeinschaft. Daran erinnert im Altstadtrathaus eine kleine Dauerausstellung. Auf dem Balkon (⊙ *zugänglich während der Öffnungszeiten dienstags bis sonntags 10 bis 17 Uhr*) verkündete Bugenhagen offiziell am 5. September 1528 die Kirchenordnung. Eine Luther-Skulptur, die um 1700 an der Außenmauer der gegenüberliegenden Martinikirche angebracht wurde, soll diesen Moment festhalten. Braunschweiger sprechen auch vom »Bugenhagen-Blick«.

Die stattliche Bürgerkirche **St. Martini** aus dem 12. Jahrhundert wurde im Innern mehrmals umgebaut und umgestaltet. Das Taufbecken stammt aus dem 15. Jahrhundert, die Kanzel aus dem 17. und der barocke Hochaltar aus dem

beten und Seelenmessen zu lesen. Ein einträgliches Geschäft, mit Einführung der Reformation wurde dieser Tradition ein Ende gesetzt.

Der Weg führt von hier aus durch die mittelalterlichen Tweten am Martino-Katharineum vorbei. Das moderne Traditionsgymnasium der Stadt erinnert bis heute daran, dass sich das Braunschweiger Patriziat bereits im späten Mittelalter zwei gelehrte Schulen zur Ausbildung seiner Kinder (damals jedoch nur für die Söhne) leistete, das Martineum in der Altstadt, in der Nähe der Martinikirche, und das Katharineum an der Kirche St. Katharinen für Schüler der Neustadt und aus dem Hagen. Im 19. Jahrhundert wurden die Schulen zum Martino-Katharineum fusioniert.

Bildung und Partizipation – beide gehörten schon um 1500 zu den Schlüsselbegriffen für den Wandel. In Braunschweig war man gut vernetzt. Treffpunkt, Messeplatz und Versammlungsort für die Gilden und Bürgerausschüsse war der **Altstadtmarkt.** Im historischen **Altstadtrathaus**, in der Dornse, stritten die Parteien auch um den wahren Glauben, denn die Stadtgesellschaft war zugleich eine

In Stein gemeißelt: Der Reformator Martin Luther an der Fassade der Kirche St. Martini

Neue Fürsorgepflichten:
Das Pfarrwitwenhaus in der Echternstraße

Nur ein paar Schritte entfernt am Eiermarkt, direkt hinter der Jakobskapelle, dem Gemeindehaus von St. Martini, liegt die **Jakob-Kemenate** – heute ein Ausstellungszentrum und ambitionierter Treffpunkt von zeitgenössischer Kunst und Kirche. Die Ruine des unterkellerten Hinterhauses aus dem 13. Jahrhundert wurde 2006 restauriert und in einen modernen Anbau integriert.

⮩ *www.kemenaten-braunschweig.de*

18. Jahrhundert. Aus der Reformationszeit wiederum haben sich zahlreiche Epitaphe erhalten, Erinnerungsmale protestantischer Glaubenskultur, die eine neue Tradition des Gedenkens begründeten. Es geht um bürgerliche Frömmigkeit und individuelle Repräsentation führender Persönlichkeiten und ihrer Familien. Zu den eindrucksvollsten Beispielen zählt das Epitaph des Braunschweiger Bürgermeisters Gerke Pawel, einem Anhänger der neuen Lehre Luthers. Er verstarb 1554. Das monumentale Werk aus Sandstein und Alabaster zeigt die Brustbilder des Verstorbenen und seiner zweiten Ehefrau Anna von Windheim unter den ausgebreiteten Armen des Gekreuzigten. Darüber sind im Halbrelief die Reformatoren Luther und Melanchthon zu erkennen, bekrönt wird der Bildaufbau von der Auferstehung Christi. In der Martinikirche findet sich auch ein Epitaph von Martin Chemnitz. Der Braunschweiger Superintendent, der später auch die Reformation im Herzogtum Braunschweig-Wolfenbüttel einführte, wurde in der Martinikirche beigesetzt.

Am Rand der historischen Altstadt liegt das Michaelisviertel mit seinen engen Gassen und den wenigen Fachwerkhäusern, die von den Bombenangriffen im Zweiten Weltkrieg verschont geblieben sind. Die Stadt wurde damals zu 90 Prozent zerstört. In der Echternstraße steht noch das ehemalige **Pfarrwitwenhaus,** das zur Versorgung der Familien

Hier hatte Thomas Müntzer
seine Pfründe: Die Kirche St. Michaelis

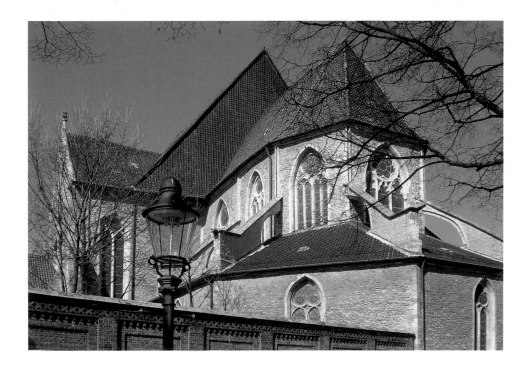

der evangelischen Pastoren eingerichtet werden musste – auch dies gehört seit Einführung der Reformation zu den Aufgaben der evangelischen Kirche, die die Pflicht der Geistlichen zur Ehelosigkeit abgeschafft hat. Frühe Spuren reformatorischer Aufbrüche lassen sich an der mittelalterlichen Kirche **St. Michaelis** verorten. Am Marienaltar hatte der revolutionäre Priester und frühe Luther-Fan Thomas Müntzer von 1514 bis 1522 seine Pfründe. Er stand damals auch in Kontakt zu den führenden humanistischen Kreisen Braunschweigs, unter ihnen der einflussreiche Fernhändler Hans Pelt. Ebenso interessierte sich Müntzers Prediger-Kollege Heinrich Lampe für die reformatorischen Ideen.

Besichtigung der Kirche nach Vereinbarung im Pfarramt; www.st-michaelis-bs.de

Die Wiege der Reformation: Das ehemalige Benediktinerkloster St. Aegidien

Über den belebten **Kohlmarkt** in der Einkaufscity – dort erinnert der ins Pflaster eingelassene Grundriss an die 1544 abgerissene und verlegte St. Ulrici-Kirche – führt der Weg zum ehemaligen Benediktinerkloster **St. Aegidien.** Das Klosterareal mit der **Kirche St. Aegidien** am Südrand der Innenstadt ist die »Wiege der Reformation«. Die ehemalige Abteikirche der Benediktiner stammt aus dem 12. Jahrhundert. Hier werden die Reliquien des heiligen Auctor verwahrt, seit dem Mittelalter der Schutzpatron der Stadt. Die Klosterkirche St. Aegidien wurde nach der Auflösung des Konvents Mitte des 16. Jahrhunderts zunächst evangelische Pfarrkirche, später profaniert und seit 1958

Stritt für die Reformation:
Das Epitaph des Predigers Heinrich
Lampe in der Kirche St. Magni

katholische Hauptkirche der Stadt Braunschweig (⮞ *geöffnet an Werktagen von 8 bis 17 Uhr; www.sanktaegidien.de*). Hier predigte zur Reformationszeit der Benediktinermönch Gottschalk Kruse. Der gebürtige Braunschweiger hatte von 1519 bis 1521 in Wittenberg Theologie studiert und war von den Ideen der Reformation geradezu infiziert. Die Bürger waren begeistert, die Gegner der Reformation alarmiert, sogar von »Ketzerschule« war die Rede. Auf Druck des altgläubigen Landesherrn musste Gottschalk Kruse 1523 das Benediktinerkloster verlassen, er floh nach Celle (Route 7) und brachte als Generalsuperintendent

die Reformation im Herzogtum Braunschweig-Lüneburg voran. Der Konvent wurde 1528 aufgelöst. Teile des mittelalterlichen Klostergebäudes mit dem historischen Kreuzgang gehören heute zum **Ausstellungszentrum Hinter Aegidien** als Außenstelle des Braunschweigischen Landesmuseums.

⮞ *Näheres zu Braunschweigs Museen im Exkurs, S. 36*

Das **Magni-Viertel** liegt auf der anderen Seite der Stobenstraße, einer der Hauptverkehrsadern der Stadt. In diesem malerischen Winkel finden sich kleine Geschäfte und Restaurants, bei schönem Wetter stehen die Tische draußen, auf dem großen Kirchplatz ist regelmäßig Wochenmarkt und das Portal von **St. Magni** steht meist weit offen. Eine einladende Geste. Im Innern des hellen Kirchenschiffs deutet heute kaum noch etwas auf die Turbulenzen hin, die sich hier in der Reformationszeit ereignet haben. In St. Magni wirkten der evangelisch engagierte Ratsjurist Autor Sander und der Prediger Heinrich Lampe, der zuvor in St. Michaelis aktiv war. Unterstützt wurde er von Johann Oldendorp aus Hamburg. »Papisten« auf der Kanzel wurden ausgepfiffen, das Abendmahl teilten die beiden streitbaren Theologen nach lutherischem Bekenntnis in beiderlei Gestalt aus, in Brot und Wein. Im Advent 1527 wurde in St. Magni das erste Kind in deutscher Sprache getauft – das Taufbecken von 1458 ist noch heute in Gebrauch. Und in der Taufnische hängen die Epitaphe von Magni-Pastor Heinrich Lampe und zwei seiner evangelischen Amtskollegen.

Der Weg über den Magnitorwall zwischen Schlossgarten und Museumspark führt nun auf den Hagenmarkt. Weithin sichtbar streben

Die erste Taufe in deutscher Sprache:
Das Taufbecken in der Kirche St. Magni

die beiden ungleichen Türme von **St. Katharinen**, der stolzen Hauptkirche der »Hägener«, dem Himmel entgegen. Der 74 Meter hohe Südturm wurde im 14. Jahrhundert errichtet, der kleinere Nordturm 1512. Die Bürger aus dem Weichbild Hagen hielten am längsten am alten Glauben fest, doch dann engagierten auch sie sich für die neue Lehre Luthers und legten dem Rat im März 1528 sogar ein eigenes Reformprogramm vor. Erhalten geblieben sind zahlreiche Epitaphe seit der Spätrenaissance. Um das Grabdenkmal der Armgard von Bortfeld von 1586 rankt sich eine Legende: Die Verstorbene ist wie eine Braut dargestellt – mit einem Kranz im Haar und einem Blumenstrauß in der Hand. Während ihrer Trauung soll sie vor dem Altar tot zu Boden gesunken sein. ➔ *St. Katharinen werktags von 9 bis 13 Uhr geöffnet; www.katharinenbraunschweig.de*

Von hier aus ist es nicht mehr weit bis zum Burgplatz mit der **Stiftskirche St. Blasii,** der Grabkirche Heinrichs des Löwen. Zuvor hatte der Welfenherzog im Burghof 1166 das monumentale Löwenstandbild errichten lassen – als Zeichen seiner Macht, Das Original steht heute in der **Burg Dankwarderode.** Über einen Zugang konnte der Herzog von seiner Burg direkt in seine Kirche gehen, dieser Durchgang war lange Zeit verschlossen und ist inzwischen wieder zugänglich. Der Braunschweiger Dom St. Blasii als Grablege der

Welfen ist berühmt wegen seiner mittelalterlichen Kunstschätze. Der Marienaltar, der monumentale Siebenarmige Leuchter, das Imervard-Kruzifix, das Evangeliar Heinrichs des Löwen (hier als Replik, das Original liegt in der Herzog August Bibliothek in Wolfenbüttel) und die Deckenmalereien im Kirchenschiff ziehen jährlich um die 300 000 Besucher an (→ geöffnet täglich von 10 bis 17 Uhr, regelmäßig öffentliche Führungen; www.braunschweiger-dom.de). In der Reformationszeit war St. Blasii ein Ort des Widerstands der Altgäubigen, denn der Dom blieb weiterhin die Hofkirche Herzog Heinrichs des Jüngeren und ein wichtiger Bezugspunkt des Landesherrn zur Stadt. Zwar soll im Dom zu Ostern 1526 eine Messe in deutscher Sprache gefeiert worden sein, doch das war nur ein Intermezzo. Erst mit der Einführung der Reformation im Herzogtum Braunschweig-Wolfenbüttel 1568 wurde auch der Dom evangelisch. Zahlreiche Epitaphe erinnern an die Zeit der Aufbrüche und Übergänge. Auf dem Grabdenkmal von 1604 ließ sich Elisabeth von der Schulenburg neben ihrem Gatten in schwarz-weißer Witwenkleidung unter dem Gekreuzigten darstellen – auch hier ein typisch protestantischer Bildaufbau.

Auf der Grundlage des Evangeliums wurde das gesamte Gemeinwesen neu organisiert. Im Stadtarchiv, untergebracht im 2007 rekonstruierten Residenzschloss am Bohlweg, finden sich zentrale Quellen aus der »heißen Phase« der Reformationszeit; Ratsprotokolle dokumentieren, wie professionell die beteiligten Parteien miteinander verhandelt haben. Ein nahezu perfektes Krisenmanagement in komplizierten Zeiten innerhalb der Stadt.

Riddagshausen

Widerstand hingegen herrschte lange Zeit im **Zisterzienserkloster Riddagshausen** rund drei Kilometer vor den Toren der mittelalterlichen Stadt. Das Kloster paktierte mit dem altgläubigen Landesherrn, die Braunschweiger Bürger waren wütend und reagierten mit Überfällen und Plünderungen. Von der mittelalterlichen Ausstattung des Klosters – einem Filialkloster des Mutterklosters Amelungsborn (Route 4) – ist in Riddagshausen nicht viel übrig geblieben. Im Spätherbst 1542 reiste eine evangelische Kommission durchs Land, darunter die Visitatoren Johannes Bugenhagen und Antonius Corvinus. Der Reformator der

Die reformatorische Theologie prägt
die Kirchenkunst: Der Kanzelkorb in der
Klosterkirche Riddagshausen

Vor den Toren des mittelalterlichen Braunschweigs: Das Zisterzienserkloster Riddagshausen

Calenberger Welfenlinie war selbst Ordensschüler in Riddagshausen, bevor er sich der neuen Lehre anschloss. In der Zeit der politischen Glaubenskämpfe herrschten auch unter den Klosterbrüdern in Riddagshausen Unruhe und Verunsicherung – bis Johannes Lorbeer, der 41. Abt von Riddagshausen, im Sommer 1568 die Reformation im Kloster einführte. Der humanistisch gebildete Theologe stiftete auch das Taufbecken aus Elmkalkstein, es gehört zu den ältesten Stücken der gotischen Klosterkirche aus dem 13. Jahrhundert. Die übrige Ausstattung stammt weitestgehend aus der Zeit um 1620. Sie dokumentiert, wie die reformatorische Theologie die Kirchenkunst geprägt hat. Der Kanzelkorb und das offene Lettnergitter sind herausragende Beispiele dieser Entwicklung. Denn der Konvent wurde als evangelische »Geistliche Korporation« weitergeführt. Abt Lorbeer richtete im Einvernehmen mit Herzog Julius im Kloster eine Schule ein, er gab Impulse für das geistliche Leben, widmete sich der Armenfürsorge und kümmerte sich auch um die baulichen Belange. Im Sinne des Reformators Martin Luther ließen sich die alten monastischen Formen mit neuem Inhalt füllen – als eine Art »Update« für einen »Klosterhumanismus« der Neuzeit. Später wurde im Kloster Riddagshausen das erste deutsche Predigerseminar gegründet und mit der Säkularisation Anfang des 19. Jahrhunderts aufgelöst. Bis heute aber bewahren die Zisterziensererben ihre Tradition: »Porta patet, cor magis« – »Die Tür steht offen, mehr noch das Herz.«

Klosterkirche dienstags bis sonntags von 10 bis 16 Uhr geöffnet, Führungen freitags um 17 Uhr; www.klosterkirche-riddagshausen.de

Braunschweigs Museen

Passionszyklen, Altargerät, Beter und Büßer – zahlreiche Exponate aus dem Mittelalter im Übergang zur Reformationszeit werden heute in den zentralen Museen der Stadt verwahrt. Ein Rundgang durch die Sammlungen der einzelnen Häuser ergänzt die Spurensuche in der Stadt. Ein Teil der Schätze aus den Braunschweiger Kirchen ist im **Städtischen Museum** untergebracht, einem Jugendstil-Bau mit repräsentativem Lichthof und großzügigen Raumfluchten am Magnitor. Präsentiert wird eine Auswahl der rund 270 000 Objekte zur Stadtgeschichte: Gemälde, Skulpturen, Kunstgewerbe, Formensammlungen und Musikinstrumente. In der Gemäldegalerie findet sich auch ein Porträt der in Braunschweig geborenen Schriftstellerin Ricarda Huch, eine Auftragsarbeit von 1943 aus Anlass ihres 80. Geburtstags.

Die Sammlung sakraler Kunst ist im zweiten Obergeschoss zu sehen. Im Treppenhaus fällt der Blick zunächst auf das farbige Kirchenfenster von 1533, das ursprünglich für St. Katharinen bestimmt war. Auch das Uhrwerk aus dem Renaissance-Lettner der Brüdernkirche ist im Städtischen Museum ausgestellt. Zum Bestand gehören zahlreiche Altarbilder, Reliquiare, Heiligenfiguren, Textilien, Reliefs oder Epitaphe aus den umliegenden Klöstern, Kirchen und Kapellen. Darunter sind sechs Bildnisse der Reformatoren aus St. Magni, unter ihnen

Johannes Bugenhagen, Martin Chemnitz und Philipp Melanchthon. Eine Auswahl dieser Objekte wird im Altstadtrathaus ausgestellt. Zu sehen ist hier auch eine mächtige Ablasstruhe: Sie dokumentiert, auf welch verhängnisvolle Weise der berüchtigte Ablassprediger Johann Tetzel am Vorabend der Reformation das Geschäft mit dem Seelenheil betrieb.

→ *Städtisches Museum Braunschweig dienstags bis sonntags von 10 bis 17 Uhr geöffnet; www.braunschweig.de/museum*

Ausgestellt im Altstadtrathaus:
Das Bildnis des Reformators Philipp Melanchthon

Das **Braunschweigische Landesmuseum** (BLM) mit Hauptsitz im Viewehaus am Burgplatz bewahrt und präsentiert Zeugnisse der Landesgeschichte von der Urgeschichte bis zur Gegenwart und zeigt hier auch regelmäßig Sonderausstellungen. Das Haus mit vier Standorten gehört zu den größten historischen Museen der Bundesrepublik. Aus der Reformationszeit stammen Gemälde von Mitgliedern der Welfenfamilie, darunter Herzog Heinrich der Jüngere von Braunschweig-Wolfenbüttel, sein Sohn Herzog Julius oder Herzogin Elisabeth von Calenberg, sowie Bildnisse zahlreicher bedeutender Persönlichkeiten. Jüngst erst wurde das protestantische Epitaph der Anna von Rautenberg von 1566 restauriert. Hinzu kommt ein umfangreiches Konvolut an Grafiken, Buchbeständen und Kunsthandwerk, etwa Ornat und Zepter des ersten Rektors der Universität Helmstedt, Waf-

Das Gedächtnis der Region:
Das Braunschweigische Landesmuseum
im Viewehaus am Burgplatz

fen und Harnische der Herzöge, Möbel sowie Ofenplatten aus dem späten 16. Jahrhundert mit biblischen Szenen. Ein Großteil dieser Objekte soll im Rahmen der neu konzipierten Dauerausstellung voraussichtlich ab 2019 zu sehen sein. ➔ *BLM dienstags bis sonntags von 10 bis 17 Uhr geöffnet, jeden 1. Dienstag im Monat bis 20 Uhr; www.3landesmuseen.de*

Das **Museum Hinter Aegidien** als Abteilung des BLM ist selbst ein authentischer Ort lebendiger Religionsgeschichte. Die Grundmauern des ehemaligen Benediktinerklosters reichen zurück ins 12. Jahrhundert. Der mittelalterliche Kreuzgang gehört zu den ältesten Gebäuden

Die ältesten Klosterräume
der Stadt: Der Kapitelsaal im Museum
Hinter Aegidien

burger Synagoge als Teil der Sammlung zur jüdischen Kulturgeschichte. So treten heute im Museum Hinter Aegidien die Geschichte des Christentums und die Kulturgeschichte des Judentums in einen Dialog. Geplant ist, an diesem sinnfälligen Ort ein »Museum der Religionen« einzurichten – im Zentrum stehen sollen dabei die drei Weltreligionen Judentum, Christentum und Islam. → *Museum Hinter Aegidien freitags bis sonntags von 10 bis 17 Uhr geöffnet, Öffnungszeiten bei Sonderausstellungen unter www.3landesmuseen.de*

Das **Herzog Anton Ulrich-Museum** gehört zu den bedeutendsten Kunstmuseen in Deutschland. Nach rund sieben Jahren Umbauzeit wurde das Haus im Oktober 2016 wiedereröffnet – mit neuem Konzept und zusätzlichen rund 1000 Quadratmetern Ausstellungsfläche, um die herausragenden Sammlungen mit Werken von Cranach über Rembrandt bis Georg Baselitz in drei Stockwerken vor farbigen Wänden zeitgemäß ins Licht zu rücken, ebenso wie die Skulpturen und Objekte. Die Grafiksammlung gehört zu den größten in ganz Europa. Die reiche Kunstsammlung geht auf Herzog Anton Ulrich von Braunschweig-Lüneburg zurück, der im 17. Jahrhundert am Fürstenhof in Wolfenbüttel aufwuchs. Im puritanisch-protestantischen Norden begeisterte sich der Welfenherzog für die sinnliche Fülle barocker Kunstwerke, seine Nachfahren stockten die Kunstsammlung auf. Mit der Generalsanierung des historischen Baus aus dem 19. Jahrhundert kam ein moderner Anbau aus Glas, Stahl und Aluminium hinzu – für Depots und Verwaltung.

der Stadt, das Baudenkmal wurde vor einigen Jahren mit einer geschickten Lichtregie neu in Szene gesetzt. Ausgewählte Exponate dokumentieren das klösterliche Leben im Mittelalter nach dem Rhythmus von Gebet und Arbeit (»ora et labora«). Nach Einführung der Reformation wurde das Kloster aufgelöst, 1906 übernahm das Vaterländische Museum, der Vorläufer des BLM, das Areal, später kam das benachbarte evangelische Vereinshaus dazu. Das Museum konnte auch den Chor des ehemaligen Paulinerklosters nutzen. Das profanierte Kloster der Dominikaner, die Braunschweig 1536 den Rücken gekehrt hatten, wurde Anfang des 20. Jahrhunderts vom Bohlweg auf das Klostergelände versetzt. Hinzu kam 1924 die barocke Inneneinrichtung der Horn-

Mit neuem Konzept: Die wiedereröffnete
Gemäldegalerie im Herzog Anton Ulrich-Museum
Braunschweig

Im Innern des Prachtpalais im Stil der italienischen Spätrenaissance öffnen sich durch den Umbau neue Rundgänge und Perspektiven. Herzstück ist die Gemäldegalerie der »Beletage« im ersten Obergeschoss. Die Gemälde werden in Themeninseln präsentiert, zwei Säle deutscher Malerei sind dem Zeitalter der Reformation gewidmet – einer der beiden Räume trägt den Titel »Reformation – Neubesinnung«. Vor hellgrüner Wandbespannung hängen dort 14 Werke aus dem 16. Jahrhundert, darunter Gemälde von Hans Holbein dem Jüngeren und Lucas Cranach dem Älteren. Zu sehen ist hier auch das berühmte Bildnis von Martin Luther im Talar, mit Barett auf dem Kopf und einem Buch in der Hand. Die Cranach-Werkstatt verbreitete dieses Motiv in

zahlreichen Wiederholungen, es sollte zu einer Art Luther-Ikone werden. Bemerkenswert ist das Cranach-Gemälde »Die Predigt Johannes des Täufers« von 1549: Auf diesem Bild wird der biblische Johannes als Prediger der Luther-Zeit dargestellt; als ein Zeuge des Ur-Christentums wendet er sich an einen Fürsten, an Beamte, Gelehrte und Soldaten und fordert sie auf, in diesem Sinn gerecht zu handeln und unbestechlich zu urteilen. Ein Bild mit pädagogischem Auftrag in den Koordinaten der lutherischen Theologie.

→ *Herzog Anton Ulrich-Museum dienstags bis sonntags von 11 bis 18 Uhr geöffnet; www.3landesmuseen.de*

Die Theologie wird evangelisch

Mit der neuen Lehre Luthers erhielten Bildung und Gelehrsamkeit einen neuen Stellenwert. Herzog Julius von Braunschweig-Wolfenbüttel führte in seinem Herrschaftsgebiet die Reformation ein und gründete 1576 mit der Academia Julia in Helmstedt die erste evangelische Universität im norddeutschen Raum. → Die Route führt von der historischen Residenzstadt WOLFENBÜTTEL über HORNBURG in die ehemalige Universitäts- stadt HELMSTEDT.

»Der größte Fehler, den man
bei der Erziehung zu begehen pflegt,
ist dieser, dass man die Jugend nicht
zum eigenen Nachdenken gewöhnt.«

Gotthold Ephraim Lessing, Brief, 25. Januar 1756

Wolfenbüttel

Hoch hinaus: Die Hauptkirche
Beatae Mariae Virginis in Wolfenbüttel

Wer über die Landstraße auf **Wolfenbüttel** zufährt, kann sich gut an dem schlank aufragenden, 73 Meter hohen Kirchturm der mächtigen **Marienkirche** orientieren. Nach den ursprünglichen Plänen sollte er sich sogar noch knapp zehn Meter höher zum Himmel strecken, vermutlich um zu demonstrieren, dass nicht mehr der Braunschweiger Dom die Hauptkirche des Fürstentums war, sondern das neu errichtete Gotteshaus in Wolfenbüttel. Ein imposanter Bau eines selbstbewussten Fürsten, der sich endgültig zur Reformation bekennt: Die **Hauptkirche Beatae Mariae Virginis** gehört zu den ersten protestantischen Großkirchenbauten zu Beginn des 17. Jahrhunderts. Sie wurde auf dem Fundament der mittelalterlichen Marienkapelle errichtet und dominiert den großen Platz am Eingang zur historischen Altstadt. Nur wenige Kirchenneubauten entstanden bis etwa 1600 in evangelischer Glaubensarchitektur, und wenn, handelte es sich dabei meist um Schlosskapellen wie in Celle oder Gifhorn. Als Protestant der zweiten Generation gab der kunstsinnige Herzog Heinrich Julius nun eine freistehende Residenzkirche in Auftrag – sein Vater Herzog Julius hatte 1568/69 die Reformation im gesamten Herzogtum Braunschweig-Wolfenbüttel eingeführt. Das heißt: Die Residenzstadt Wolfenbüttel schloss sich erst rund 40 Jahre später dem neuen Glauben an als das benachbarte Braunschweig; die Reformation verlief in zwei Schritten, zuerst »von unten«, dann »von oben«. Umso deutlicher ist das Signal, das der Wolfenbütteler Herzog Heinrich Julius mit dem protestantischen Prachtbau setzte. Der Grundstein wurde 1608 gelegt – nach dem Entwurf des Architekten Paul Francke, der auch die Pläne für die Aula der Universität in Helmstedt geliefert hatte.

»Kirchen sind Erinnerungsorte, und diese Erinnerung lebt im Erzählen. Nicht nur Bücher können sprechen, auch Kirchbauten können dies. Sie sind Erzählungen aus Stein, in die man hineingehen kann«, schreibt der Theologe und Kulturbeauftragte der Evangelischen Kirche in Deutschland Johann Hinrich Claussen in seinem Buch »Gottes Häuser«. An der Marienkirche in Wolfenbüttel lassen sich

43

nicht nur Glaubensgeschichten erzählen, hier zeigt sich auch, wie stark theologische und politische Entwicklungen in jener Zeit ineinander griffen.

Die Hauptkirche Beatae Mariae Virginis diente den Welfenfürsten als Grablege und wurde auch zum Erinnerungsort an den Tod auf dem Schlachtfeld: Denn die beiden Fürstensöhne Herzog Heinrichs des Jüngeren, die die Regierungsgeschäfte des Vaters übernehmen sollten, waren 1553 in der Schlacht von Sievershausen ums Leben gekommen. In diesem

grausamen Kampf in der Nähe von Arpke starben innerhalb weniger Stunden Tausende Soldaten. Ein großflächiges Gemälde in der St. Martinskirche von Sievershausen erinnert an das Gemetzel. ➲ *mehr dazu im Exkurs, S. 128*

Die Grabplatten von Herzog Heinrich dem Jüngeren, seiner Frau und seinen beiden Söhnen haben ihren Platz in der Südwand der neuen Kirche bekommen, in der Nähe des alten Begräbnisgewölbes. Herzog Heinrich der Jüngere und die beiden gefallenen Söhne gehörten zu den Gegnern der Reformation. Mit der neuen Lehre aus Wittenberg hatten sie nichts im Sinn. Den altgläubigen Welfenfürsten attackierte Martin Luther übrigens in seiner Schrift »Wider Hans Worst«.

Musik der Reformation:
Die Orgel, gebaut nach den Anweisungen
von Michael Praetorius

des Kirchenmusikers zu einer der beliebtesten Weihnachtsmelodien – und wird in vielen Sprachen bis heute gern gesungen. Michael Praetorius brachte den Menschen um 1600 nicht nur den Liederschatz Luthers nahe, sondern hatte auch großen Einfluss auf die evangelische Kirchenmusik insgesamt, die mit Heinrich Schütz und Johann Sebastian Bach ihren Höhepunkt erreichte. Eine kleine Dauerausstellung auf der Nordostempore erinnert an den Musiker und seine Impulse für neue Klangfarben in der Musik der Reformation.

Zahlreiche Epitaphe im Kirchenschiff verweisen auf politische und theologische Würdenträger der Reformationszeit, die im neuen Glauben Ordnung und Trost suchten. Ein Großteil der Innenausstattung der Kirche stammt aus dem 17. Jahrhundert, darunter auch die Bemalung der Emporen. Der prachtvolle Hochaltar wurde 1623 im Chor der Hauptkirche aufgestellt, der Bau wurde erst 1643 vollendet. ➔ *Marienkirche in Wolfenbüttel dienstags bis sonntags von 10 bis 12 und von 14 bis 16 Uhr geöffnet, Kirchenführungen werden auch außerhalb der Öffnungszeiten angeboten; www.quartier-wf.de*

Das Taufbecken aus dem 16. Jahrhundert war ursprünglich für die Schlosskapelle vorgesehen, ebenso wie die Mitteltafel des Flügelaltars von Hans Vredeman de Vries. Der niederländische Renaissance-Maler und Architekt war eine Zeit lang in Braunschweig und Wolfenbüttel tätig. Von Herzog Julius erhielt er auch den Auftrag, die Wolfenbütteler Innenstadt neu zu gestalten. Das war ein städtebauliches Großprojekt – und ein finanzieller Kraftakt: Das Grachtensystem, das der Niederländer für die beiden Arme der Oker entwickelte, verwandelte die Stadt in ein **»Klein Venedig«**.

Die Orgel ließ man nach den Anweisungen von Kapellmeister Michael Praetorius bauen. Der Komponist wirkte knapp zehn Jahre im Dienst von Herzog Heinrich Julius in Wolfenbüttel und wurde 1621 in der Marienkirche begraben. Praetorius gehört zu den wichtigsten Komponisten lutherischer Kirchenmusik, allein in seinem neunbändigen Werk »Musae Sioniae« (»Musen Zions«) finden sich Hunderte Kompositionen; das Lied »Es ist ein Ros entsprungen« wurde mit dem vierstimmigen Chorsatz

Know-how aus den Niederlanden:
Das Grachtensystem in »Klein Venedig«

45

LAVS ET ORATIO ECCLESIAE
primitiuæ in Christo confidentis & glorian/
tis contra inimicos & desertores fratres
suos de synagoga. Psal. XXVI.

Tit. Dauid.

Ominus illuminatio mea : & salus mea quē time/
d bo? Dñs ptector vitæ meæ : a quo trepidabo?

Dū appropiant super me nocētes : ut edat carnes

meas. Qui tribulant me inimici mei : ipsi infirmati

sunt & ceciderunt. Si cōsistant aduersum me castra :

nō timebit cor meū. Si exurgat aduersum me pliū :

in hoc ego sperabo. Vna petii a dño hanc requirā : ut

inhabitē in domo dñi oibus dieb9 vitæ meæ : Vt videā

voluntatē dūi : & visitem templū eius. Qm abscondit

me i tabernaculo suo in die maloz : ptexit me in abscō/

dito tabernaculi sui. In petra exaltauit me : & nūc ex/

altauit caput meū super inimicos meos. Circuiui &

imolaui in tabernaculo eius hostiā vociferatiōis : cātabo

& psalmū dicā dño. Exaudi dñe vocē meā q clamaui

ad te : miserere mei & exaudi me. Tibi dixit cor meū/

exquisiuit te facies mea : faciem tuā dñe requirā.

Die Offenbarung: Das berühmte Septembertestament von 1522 mit Illustrationen von Lucas Cranach d. Ä.

Dieser malerische italienische Charme ist heute noch mancherorts in der historischen **Altstadt** erkennbar, etwa am Großen Kanal. In jener Phase wurde auch die **Herzogliche Kanzlei** erbaut, heute ist hier die Archäologische Abteilung des Braunschweigischen Landesmuseums untergebracht.

➔ *www.3landesmuseen.de*

»Reformationsfürst« Herzog Julius, der jüngste Sohn Heinrichs des Jüngeren, war bei seinem Vater nicht sehr beliebt. Er war kein Kämpfer, sondern eher ein Schöngeist und Bücherfreund. 1572 gründete er in Wolfenbüttel eine Bibliothek, stattete sie mit eigenen Bücherschätzen aus und ließ hier auch die Büchersammlungen der Klöster aus der Umgebung unterbringen, die im Zuge der Reformation aufgelöst wurden. Damit legte er den Grundstock für die renommierte **Herzog August Bibliothek**, die heute zu den international führenden außeruniversitären Forschungsinstituten auf dem Gebiet des Mittelalters und der Frühen Neuzeit zählt. Entsprechend umfangreich ist die Sammlung früher Schriften und Drucke. Auch ein Großteil der Bibliothek der Universität Helmstedt, die 1810 geschlossen wurde, ist in der Wolfenbütteler Herzog August Bibliothek untergebracht. Hier sollten später auch Gottfried Wilhelm Leibniz und Gotthold Ephraim Lessing wirken. Die

charakteristische Rotunde erhielt das Gebäude Anfang des 18. Jahrhunderts, damals wurde auch das Schloss im Barockstil umgebaut. In den historischen Räumen der Herzog August Bibliothek ist heute ein Museum eingerichtet.

➔ *geöffnet dienstags bis sonntags von 10 bis 17 Uhr; www.hab.de*

Die vielen Inschriften an den Fassaden der historischen Fachwerkhäuser in der Altstadt erinnern daran, dass in der Reformation das Wort eine zentrale Rolle spielte. Ganze Straßenzüge verwandelten sich gewissermaßen in Gebetbücher – Gottes Wort wurde zum Wegweiser durch die Stadt. Heute ist Wolfenbüttel Sitz des Bischofs der Evangelisch-lutherischen Landeskirche in Braunschweig. Im Landeskirchlichen Archiv, einem schlichten Zweck-

Mit handschriftlichen Notizen des jungen Reformators Martin Luther: Psalterium von 1513 in der Herzog August Bibliothek Wolfenbüttel

bau außerhalb der Innenstadt, werden Akten, Urkunden und Kirchenbücher der umliegenden Gemeinden verwahrt, darunter besiegelte Ablassbriefe, die das einträgliche Geschäft mit dem Seelenheil dokumentieren. Die Akten reichen vielfach bis in die Anfänge der Reformationszeit zurück. Hier lässt sich also noch genau nachlesen, welche Veränderungen mit Einführung der neuen Kirchenordnung auf die Gemeinden damals zukamen, vom Gehalt für den Pfarrer samt Familie bis zur Witwenversorgung. Die historischen Personalakten belegen aber auch, dass die neue Lehre längst nicht überall widerspruchslos angenommen wurde. Mit mehr als 20 Metern Akten allein aus dem 16. Jahrhundert verfügt das Landeskirchliche Archiv in Wolfenbüttel über einen besonders großen Fundus.

Reiche Fachwerkarchitektur:
Der Marktplatz in Wolfenbüttel

Hornburg

Knapp 20 Kilometer südlich von Wolfenbüttel liegt die kleine Fachwerkstadt **Hornburg.** Man ahnt noch heute, wie selbstbewusst die Bürger gewesen sein mussten, als ihnen Mitte des 16. Jahrhunderts das Stadtrecht zuerkannt wurde. Auch hier sind die Fassaden der Häuser überreich mit Schmuck und Inschriften verziert. Die alte Lateinschule von 1545 bezeugt den Bildungseifer der Bürger, die sich in dieser Zeit den Ideen der Reformation zuwandten. 1554 wurde schließlich unter Pfarrer Heinrich Mack die Reformation in Hornburg eingeführt. Auch in diesem kleinen Städtchen wurde damals groß gebaut. 1616 war der Neubau der evangelischen Kirche auf den Grundmauern der alten Marienkapelle abgeschlossen. Das Gotteshaus ähnelt dem in Wolfenbüttel, die Hornburger **Marienkirche** wird daher gelegentlich auch als »kleine Schwester« der Kirche Beatae Mariae Virginis in der Residenzstadt bezeichnet. Im Kirchenschiff der Hornburger Marienkirche finden sich einige Schätze aus

CHRISTO SACRUM :: QUAM PATRUM PATRIÆ TUO :: HONOR
ANNO DOMINI 1 5 4 5 : NIMIUMQUE DIU IMPLACABILIS IRA UNQUA

Helmstedt

der Reformationszeit, neben Altar, Kanzel und Taufstein auch zahlreiche Epitaphe und Grabsteine ganzer Pfarrerdynastien. Auf der Nordempore sind die »Freudenreichen Geheimnisse« (»gaudii mysteria«) des Rosenkranzes abgebildet – als protestantische Fortsetzung altgläubiger Marienfrömmigkeit. Und inzwischen erinnern sich die Hornburger auch gern daran, dass hier Papst Clemens II. (amt. 1046–1047) geboren wurde. ➔ *Marienkirche in den Sommermonaten dienstags bis sonntags von 14 bis 17 Uhr geöffnet, angeboten werden auch spezielle Themenführungen zur Reformation; www.kirchehornburg.de*

Über Groß Vahlberg (mehr dazu im Exkurs, S. 56) führt der Weg nach **Helmstedt**, das als ehemalige Universitätsstadt lange als »Athen der Welfen« galt. Auf dem historischen Campus der **Academia Julia**, der Universität Helmstedt, hat sich ein wenig von diesem Flair erhalten. Mehr als 250 Jahre lang gehörte die evangelische Reformuniversität, die Herzog Julius 1576 in Helmstedt gegründet hat, zu den profiliertesten Hochschulen im Heiligen Römischen Reich. An der Universität Helmstedt gab es mehrere Fakultäten, neben evangelischer Theologie auch Jura und Medizin, und zur Vorbereitung die Philosophie mit den Sieben Freien Künsten – ein klassischer Lehrplan nach humanistischem Vorbild. Hier

Engagierte sich für die Ökumene:
Der Theologe Georg Calixt an der Universität
Helmstedt

Helmstedt und setzte sich für ein friedliches Miteinander der unterschiedlichen Konfessionen ein. Sein ehemaliges Wohnhaus liegt nur wenige Schritte vom Campus entfernt. Wer durch die Stadt schlendert, stößt vielerorts auf Namen ehemaliger Professoren, die in Helmstedt lehrten, unter ihnen auch der 1600 in Rom wegen Ketzerei hingerichtete Gelehrte Giordano Bruno. ➲ *Museum dienstags bis freitags von 10 bis 12 und von 15 bis 17 Uhr geöffnet, sonnabends und sonntags von 15 bis 17 Uhr, die historische Bibliothek dienstags von 10 bis 12 und donnerstags von 15 bis 17 Uhr; www.helmstedt.de*

Die Pfarrkirche **St. Stephani** steht an der höchsten Stelle der Stadt (»Ecclesia in monte«). Hier soll es schon in den 1520er Jahren evangelische Predigten gegeben haben. Doch die neuen Ideen aus Wittenberg hatten zunächst kaum eine Chance. Zwar führte Johannes Bugenhagen hier kurzzeitig 1542 die Reformation ein, der endgültige Durchbruch gelang aber erst 1569 – auf Grundlage der Kirchenordnung, die Martin Chemnitz, Superintendent in Braunschweig und enger Vertrauter von Philipp Melanchthon, im Auftrag von Herzog Julius erarbeitet hatte. Chemnitz war überdies an der Gründung der Universität beteiligt. Auf ein Ereignis weist man in der Stadt besonders gern hin: Auf ihrer Flucht vor den Wirren der Reformation soll Katharina von Bora in Begleitung von Philipp Melanchthon am 2. Mai 1547 in Helmstedt Zwischenstation gemacht haben – mehr als 20 Jahre, bevor die Stadt offiziell evangelisch wurde.

sollten in erster Linie evangelische Pastoren ausgebildet werden, als eine Art intellektuelle Speerspitze des Protestantismus. Die Grund- und Erdgeschossmauern der Ost- und Westflügel stammen noch aus der Gründerzeit der Universität, die prächtige Renaissance-Aula wurde in den 1590er Jahren errichtet, der Vortragssaal wird auch heute für Veranstaltungen genutzt.

Im Obergeschoss sind rund 30 000 Bände der historischen Bibliothek aufbewahrt und im Keller ist ein kleines Museum eingerichtet, das an das akademische Leben in der Stadt erinnert. Dort werden die führenden Köpfe der Universität vorgestellt, darunter der Theologe und frühe Ökumeniker Georg Calixt. Der Pastorensohn aus Flensburg kam 1603 nach

Die Kirche St. Stephani erlebte mit der Gründung der Universität einen Aufschwung. In diesem Gotteshaus, knapp zehn Minuten Fußweg entfernt vom Campus, wurde die Gründung des **Juleums** gefeiert. Für diesen Festakt ließ man die Kirche renovieren und nach dem theologischen Programm der Reformatoren ausstatten. Glaube, Liebe, Hoffnung: Die christlichen Kardinaltugenden finden sich auf der kunstvoll gestalteten Kanzel, auch Altar und Taufbecken orientieren sich mit ihrem Bildprogramm an der Lehre Luthers. Zudem war der Lehrstuhl für Theologie gebunden an den Predigtauftrag in St. Stephani. Das Grabepitaph des ersten Kanzlers der Helmstedter Universität Joachim Mynsinger sowie das Epitaph von Calixt an der nördlichen Wand des Hochchores dokumentieren die akademische Allianz.

Die Theologie wird evangelisch:
Der Campus des Juleums

Das berühmte Konfessionsbild von 1645 fasst auf eindrucksvolle Weise das theologische Fundament der Reformatoren zusammen: Im Zentrum steht die Verlesung der Confessio Augustana auf dem Augsburger Reichstag von 1530 – auf der linken Bildseite werden Katechismusprüfung, Beichte und Trauung dargestellt, auf der rechten Seite finden sich die beiden lutherischen Sakramente Taufe und Abendmahl sowie der Hinweis auf Predigt und Kirchenmusik als Kernelement des Gottesdienstes. Ein Bildprogramm, das – ohne Worte – die evangelische Glaubenslehre zur Sprache bringt. ➔ *Kirche St. Stephani dienstags bis freitags von 9 bis 16 Uhr, sonnabends von 9 bis 12 Uhr geöffnet; www.ststephani-helmstedt.de*

Ort der Bildung und des Gebets:
Kloster St. Marienberg in Helmstedt

Am Rand der Helmstedter Innenstadt liegt das **Kloster St. Marienberg** aus dem 12. Jahrhundert. Im Mittelalter war es berühmt für seine prächtigen Teppiche und Altarbehänge. Heute wird das ehemalige Augustiner Chorfrauen-Stift von einem evangelischen Damenkonvent nach einer zeitgemäßen Klosterordnung geführt und beherbergt zudem eine Werkstatt für liturgische Textilien, die Paramentenwerkstatt der von Veltheim-Stiftung. Mitte des 16. Jahrhunderts wurde das Kloster in ein evangelisches Damenstift umgewandelt. Erhalten geblieben sind unter anderem die Grabplatten der ersten protestantischen Äbtissin Margareta von Hoym und ihrer Amtsnachfolgerin Sophia von Wenden. Die Gemeinschaft wurde auf wenige Klosterstellen begrenzt, zur Versorgung unverheirateter Töchter aus niederem Adel und höherer Beamtenschaft. Damals endete auch die mittelalterliche Tradition der Textilkunst.

Dieses Erbe sollte erst im 19. Jahrhundert wieder aufleben – auf Initiative von Domina Charlotte von Veltheim. Sie richtete im Kloster eine Krankenstation und eine Internatsschule für Mädchen ein. Zudem engagierte sie sich für die Kunst der »frommen Stiche« im Paramentenverein. Aus dieser Arbeit entwickelte sich im Kloster St. Marienberg ein modernes Zentrum für evangelische Paramentik. Mit der Gründung einer Werkstatt für Textilrestaurierung 1983 konnte die Paramentenwerkstatt noch einmal ihr Profil schärfen. Über die kunstvolle Arbeit mit Fäden hat die Reformation im Kloster St. Marienberg eine eigene Spur gelegt.
➔ *Führungen auf Anfrage unter 05351/6769 und www.stmarienberg-helmstedt.de*

Im Dialog: Moderne Paramentik
im historischen Kirchenschiff

Zur Vorbereitung auf die
Universität Helmstedt: Zum Lernen
ins Kloster St. Mariental

Graffiti aus dem 16. Jahrhundert:
»Bruder Jakob von Northeim, am Tag
vor dem Fest des Nikolaus 1547«

Wenige Kilometer außerhalb von Helmstedt liegt das ehemalige Zisterzienserkloster **Mariental**. Seine Geschichte ist eng mit der Gründung der Universität verbunden. Damals wurde der Stadthof des Klosters, der »Graue Hof« in Helmstedt, in den neuen Campus integriert. Im Kloster Mariental richtete man eine Klosterschule ein, um die Schüler auf das Studium am neu gegründeten Juleum vorzubereiten. In der sogenannten »Inschriftenkammer« finden sich noch heute zahlreiche »Graffiti« ehemaliger Zöglinge, die sich auf Latein an den Wänden verewigt haben. Die Schule bestand bis Mitte des 18. Jahrhunderts. Helmstedter Theologieprofessoren waren überdies zugleich Äbte von Mariental, so konnten sich auch hier neue Synergien entwickeln. Die Klosterkirche ist heute Pfarrkirche der evangelischen Gemeinde Mariental, sie wurde im 19. Jahrhundert neu ausgestattet. ➔ *Klosterkirche Mariental mit den angrenzenden Klosterräumen täglich von 9 bis 19 Uhr geöffnet*

Von Groß Vahlberg nach Oelber

Reformationsgeschichten lassen sich vielerorts entdecken und manchmal findet sich Überraschendes: etwa mitten im Grünen, in der kleinen **St. Katharinenkirche** zu **Groß Vahlberg**, westlich von Helmstedt. Das Weferling'sche Epitaph von 1603 ist ein herausragendes Zeugnis reformatorischer Symbolik und ein Hauptwerk der sogenannten Weserrenaissance in Niedersachsen. Das monumentale Alabaster-Epitaph mit den Lebensstationen Christi dient der Gemeinde heute als Altarretabel. Das dürfte ganz im Sinne der Stifterin sein, denn Katharina von Weferlingen verband mit diesem Kunstwerk auch pädagogische Absichten: In ihrem Testament verfügte sie, dass die Kinder der Schule von Groß Vahlberg das Epitaph pflegen sollten, um über die anrührenden Bilder Zugang zum Glauben zu finden. Ihr Vermächtnis war eine Art Armenbibel oder »biblia pauperum« – in der Lesart Luthers. Die Patronatsfamilie spendete zudem den Weferling'schen Abendmahlskelch von 1596. Dieser Kelch ist noch erhalten.
→ *Öffnungszeiten auf Anfrage im Pfarramt der St. Katharinenkirche, Gesamtpfarrverband Asse; www.gesamtpfarrverband-asse.de*

Im äußersten Südwestzipfel des ehemaligen Fürstentums, in der Nähe von Hildesheim auf **Schloss Oelber**, hat sich ein weiterer Erinnerungsort erhalten. Hier geriet die Familie von Cramm zunächst zwischen die Fronten rivalisierender Landesherren im 16. Jahrhundert und dann in einen innerfamiliären Glaubensstreit. Das lag auch an den Auswirkungen der

Reformatorische Symbolik:
Das Weferling'sche Epitaph von 1603

Westlich von Helmstedt:
Die Katharinenkirche zu Groß Vahlberg

Hildesheimer Stiftsfehde von 1519 bis 1523, die dem Hildesheimer Fürstbischof große Verluste einbrachte. Gewinner war Herzog Heinrich der Jüngere von Braunschweig-Wolfenbüttel, er konnte sein Territorium deutlich vergrößern. Burchard von Cramm auf Schloss Oelber unterstützte den altgläubigen Welfenherzog, seine jüngeren Vettern hingegen waren offen für die Lehre Luthers. Es kam zu Disputen über Gewissensfragen, das blieb auch dem örtlichen Pastor nicht verborgen.

»Ich wüsste keine andere Adelsfamilie, die sich auf beiden Seiten auf hoher Ebene dem konfessionspolitischen Konflikt gestellt hat wie die Cramms«, schreibt die Politikwissenschaftlerin Armgard von Reden-Dohna. Doch als Herzog Julius die Reformation »von oben« einführte, schloss sich auch Familie von Cramm auf Schloss Oelber einmütig der neuen Lehre an. Der Streit wurde beigelegt, die jüngeren Vettern studierten in Helmstedt, als Erben renovierten sie das Schloss im Stil der Renaissance und ließen – als überzeugte Protestanten – auf dem Grundstück zwischen 1592 und 1594 eine evangelische Kirche erbauen. Die kleine **Pfarrkirche St. Annen** in Oelber am weißen Wege im Ortsteil der Gemeinde Baddeckenstedt steht noch heute, an ihren Außenmauern finden sich zahlreiche Epitaphe.

➔ *Kirche während der Gottesdienstzeiten geöffnet*

Die Macht der Bücher

ROUTE 3

Mit der Erfindung des Buchdrucks begann
die mediale Revolution der Frühen Neuzeit.
Auf den Märkten und in den Humanistenzirkeln
der Städte entwickelten sich erste soziale Netzwerke.
Die Stadt Goslar besitzt mit der historischen
Marktkirchenbibliothek einen herausragenden
Bücherschatz aus jener Zeit. → Die Harzreise
der Reformation führt von **GOSLAR**
über **OSTERODE** und **HERZBERG**
zur ehemaligen Klosterschule
in **WALKENRIED**.

»Wieder schönes, liebes

Sonntagswetter.

Ich bestieg Hügel und Berge,

betrachtete, wie die Sonne den Nebel

zu verscheuchen suchte, wanderte freudig

durch die schauernden Wälder, und um mein

träumendes Haupt klingelten

die Glockenblümchen von Goslar.«

Heinrich Heine: Die Harzreise, 1824

Goslar

Unterwegs in der Kaiserstadt:
Die Altstadt von Goslar

Goslar ist stolz auf die alten Tage, das spüren die Besucher bis heute. Die frühere Reichsstadt mit ihrem historischen Stadtkern, der Kaiserpfalz und dem silberreichen Erzbergwerk Rammelsberg gehört seit 1992 zum Welterbe der UNESCO, ein Gütesiegel und zugleich Anziehungspunkt für Touristen. Allein die mittelalterliche Marktkirche verzeichnet jährlich rund 250 000 Besucher. Hier lohnt ein Aufstieg über 237 Treppenstufen hinauf auf den Nordturm. Die Dächer der Stadt werden von mehreren Kirchtürmen überragt: etwa von **St. Peter und Paul** auf dem Frankenberg. Die Kirche war in der Reformationszeit heftig umkämpft, doch die Gemeinde eroberte sie 1529 von den sogenannten Altgläubigen zurück. Im Umfeld von **St. Jakobi** soll um 1521 eine der ersten evangelischen Predigten gehalten worden sein, Taufbecken und Kanzel sind protestantisch, heute ist die Jakobi-Kirche katholisch. Die **Klosterkirche Neuwerk** im Nordosten der Altstadt hat ihren romanischen Charakter bewahrt; lange nach der Reformation wurde das Nonnenkloster in ein evangelisches Damenstift umgewandelt, das 1969 aufgelöst wurde. Ein erster Blick auf die Harzstadt zeigt: Hier lässt sich die Reformationsgeschichte an vielen Stationen verorten.

Denn das Stadtbild hat sich weitgehend erhalten: Mehr als 150 Gebäude der **Altstadt** reichen zurück ins 15. und 16. Jahrhundert, Hausinschriften aus jener Zeit sind zugleich reformatorische Glaubensbekenntnisse ihrer Besitzer, das Wort rückte in den Fokus – das bezeugen die vielen Gebete, Psalmen und Spruchweis-heiten an den Fassaden. Die niedersächsischen Fachwerkbauten bewahren hier ein eindrucksvolles Erbe, in Goslar beispielsweise am Bäckergildehaus von 1557: »Verbum Domini manet in Aeternum« steht dort, das heißt: »Das Wort des Herrn bleibt in Ewigkeit.« Damals war die Stadt von einer massiven, rund sechs Kilometer langen Befestigungsanlage umringt. Der Zwinger mit seinem rund 19 Meter hohen Turm wurde 1517 errichtet, im gleichen Jahr, in dem der Reformator Martin Luther am 31. Oktober in Wittenberg seine 95 Thesen veröffentlichte.

Mit der Mauer wollten die stolzen Goslarer Bürger ihre wohlhabende, reichsunmittelbare Stadt schützen, die ihren Reichtum dem **Rammelsberg** verdankte. Das Erzbergwerk etwa anderthalb Kilometer südlich der Innenstadt wurde erst 1988 stillgelegt. Heute dokumentiert das Rammelsberg-Museum die mehr als 1000-jährige Geschichte des Erzbaus. Viele

Die Silbertruhe der Kaiser:
Der Rammelsberg bei Goslar

Kunstwerke der Region, darunter die berühmten Bronze- und Silbergüsse, die Bischof Bernward um das Jahr 1000 für seine Bischofsstadt Hildesheim gießen ließ, wurden aus dem Rammelsberger Erz gegossen, ebenso das Taufbecken aus dem 16. Jahrhundert in der Marktkirche von Goslar. Doch dazu später.

In viele der historischen Fachwerkbauten im Altstadtkern sind inzwischen Restaurants und Hotels oder Kunsthandwerker eingezogen, etwa in das **Große Heilige Kreuz** zwischen Marktplatz und Kaiserpfalz. Das Hospiz wurde im 13. Jahrhundert als eine der ältesten Einrichtungen städtischer Armenfürsorge eröffnet,

lange bevor sich das öffentliche Armenwesen zu einer der Kernaufgaben lutherisch geprägter Frömmigkeit und Politik entwickeln sollte. In den ehemaligen Wohnkammern haben sich heute einzelne Kunsthandwerker niedergelassen.

Die Vorgeschichte der Reformation reicht weit zurück, im Grunde beginnt sie schon im **Pfalzbezirk** am südwestlichen Ende der Altstadt: Hier hat die bedeutende Rolle Goslars als mittelalterliche Reichsstadt ihren Ursprung, sie prägte bis in die Luther-Zeit hinein das Selbstverständnis der Goslarer Bürger. Bereits 1056 wurde in der Kaiserstadt die Stiftskirche St. Simon und Judas geweiht, heute ist nur noch die Vorhalle erhalten. Mehr als zwei Jahrhunderte lang war die Stadt ein wichtiges Zentrum im Heiligen Römischen Reich, wegen der vielen Sakralbauten fühlte sich Goslar beinah schon

Überragend: Die Kirchtürme
der stolzen Reichsstadt Goslar

wie ein »nordisches Rom«. Als Mitglied der Hanse ließ sich die Stellung als bedeutende Handelsstadt festigen, die Bürger profitierten von diesem Aufstieg auf verschiedenen Ebenen. Über den Handel entwickelte sich um 1500 auch ein Netzwerk der Kommunikation: Man schrieb sich Briefe und tauschte Bücher aus, die mit der Verbreitung des Buchdrucks leichter zugänglich waren, Flugschriften in der jeweiligen Volkssprache waren im Umlauf, Fernhändler und Handwerker wurden zu Multiplikatoren neuer Ideen. Es war eine Zeit des Umbruchs.

So veränderte sich mit dem Bekanntwerden von Luthers Thesen gegen den Ablass im fernen Wittenberg auch in Goslar das religiöse Klima. Studierende trugen theologische Neuigkeiten in die Stadt, in Glaubensfragen wuchs die Verunsicherung. Schon 1522 schrieb der Reformator Martin Luther einen ersten Brief an einen Geistlichen in der Stadt, der sich mit den neuen theologischen Impulsen auseinandersetzte. Auch die politischen Veränderungen trieben die Städter um. Als Welfenherzog Heinrich der Jüngere von Braunschweig-Wolfenbüttel die alten Rechte an Forst und Bergbau einforderte, entzog er der Stadt die entscheidende Einnahmequelle. Diese Entwicklung beschleunigte schließlich auch die Einführung der Reformation. Aus Angst vor dem Angriff des altgläubigen Herzogs machten die Goslarer 1527 ihre vier Klosteranlagen vor den

Politik und Glaubensfragen greifen ineinander:
Das Rathaus in der Innenstadt

Toren der Stadt dem Erdboden gleich, ähnlich
wie die kaiserlichen Truppen wenige Wochen
zuvor beim »Sacco di Roma« – damals ein
Fanal für ganz Europa. Heute noch sind in
Goslar die Ruinen dieser Klöster zu sehen.

Die **Marktkirche St. Cosmas und Damian**, die
Haupt- und Ratskirche im Herzen der Stadt,
war auch der Ort der ersten offiziellen evangelischen Predigt in Goslar. Sie wurde gehalten
von Luthers Freund Nikolaus von Amsdorf im
März 1528, der auch die neue Gottesdienstordnung entwerfen sollte. Zur Erinnerung an
den Reformator stiftete der Goslarer Rat 1907
der Kirche drei Glasfenster, neben dem Porträt
Nikolaus von Amsdorfs im südlichen Querschiff findet sich auch eines von Martin
Luther, gestaltet im Zeichen des Historismus.

Zu den mittelalterlichen Kostbarkeiten der
Marktkirche gehören die neun spätromani-
schen Scheiben mit Szenen aus dem Leben der
Namenspatrone, der beiden Schutzheiligen
der Kranken, Ärzte und Apotheker, Cosmas und
Damian, aus dem 13. Jahrhundert. Die Glasfenster im Hohen Chor, die Johannes Schreiter
Ende des 20. Jahrhunderts als »Meditations-
bilder« für die Marktkirche geschaffen hat,
verstehen sich als zeitgenössische Antwort auf
die Glaubensfragen der Menschen von heute.

Zu den Höhepunkten der Reformationskunst
in Goslar zählt die wertvolle Messingtaufe von
1573 im südlichen Querschiff. Am Bildprogramm lässt sich die neue protestantische
Lehre ablesen: Als Quelle dient allein die Bibel,
allerdings ohne Maria, und mit ihr fehlen alle
außerbiblischen Heiligen. Ins Zentrum ge-
rückt wird dafür die Bedeutung des Taufsakra-
ments in Zusammenhang mit den spezifisch

lutherischen Bestandteilen des Taufritus, wie das Sintflutgebet und das Kinderevangelium. Der reichhaltige Bilderzyklus sollte, im Sinne des Wittenberger Reformators, der Verkündigung und Unterweisung dienen. Dargestellt sind die Apostel sowie weitere Szenen aus dem Neuen Testament. Der mit Griffen versehene mächtige Deckel diente vermutlich nicht zum Verschließen des Taufbeckens, sondern bot zusätzlichen Platz für Bilder.

Überaus reich an Bildern ist auch die Kanzel von 1581, das herausragende Werk der Renaissance wurde 2002 restauriert. Auch hier findet sich wieder eine typisch protestantische Bildfolge. Der Aufgang wird gesäumt von acht fein gearbeiteten Reliefdarstellungen biblischer Szenen. Lateinische, aber auch frühneuhochdeutsche Inschriften deuten die Bilder – Wort und Bild bilden also eine neue Einheit. Der

Schatzkammer des Wissens:
Der Bibliotheksanbau an der Marktkirche
aus dem Jahr 1535

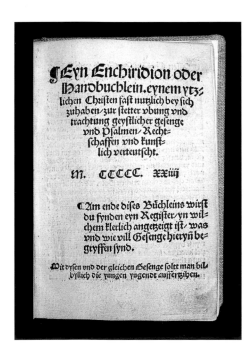

Das erste Gemeindegesangbuch:
Titelseite des Erfurter Färbefaß-
Enchiridions von 1524

Bildzyklus beginnt bei Adam und Eva im Paradies und endet mit der Himmelfahrt Jesu. Am Kanzelkorb finden sich die Darstellungen der Tugenden Klugheit, Demut, Hoffnung, Glaube, Gerechtigkeit, Liebe, Mäßigkeit und Tapferkeit – als Vorbild für die Gemeinde wie für den Pastor. Im Eingangsbereich der Kirche erinnern schwarzdunkle Reste der Original-Luther-Linden an die Pflanzung von 1532. Zur Erinnerung wurden 1989 auf dem nördlichen Kirchplatz erneut Luther-Linden gepflanzt und im Jahr 2013 setzten die Goslarer einen »Referenzbaum« in der Nähe des Südeingangs ein, mit Blick auf das Lutherjubiläum 2017; das Gegenstück steht im Wittenberger Luthergarten. 1535 erhielt die Marktkirche übrigens einen Anbau, vermutlich der erste Neubau der Reformationszeit. Hier wurde der Bestand der

Marktkirchenbibliothek untergebracht – eine herausragende Sammlung humanistischer und reformatorischer Schriften. Mehr dazu im Exkurs, S. 70. ➜ *Goslarer Marktkirche täglich von 10 bis 17 Uhr geöffnet; www.marktkirche-goslar.de*

Gegenüber der Kirche, im **Rathaus,** wurde Politik gemacht. Dabei spielten zu jener Zeit auch Glaubensfragen eine zentrale Rolle im Rat. Auskunft über die Seelenlage der Goslarer Eliten kurz vor Ausbruch der Reformation gibt ein Besuch im Rathaus. Huldigungssaal und Trinitatiskapelle aus dem frühen 16. Jahrhundert dokumentieren in ihrer Ausstattung, auf welche Weise Herrschaft und Heilsgeschichte

damals miteinander verbunden waren. Heute lässt sich das kaum noch nachvollziehen. Eine multimediale Präsentation erläutert die spätgotische Tafelmalerei.

Als sich die wirtschaftliche Lage der Stadt verschlechterte, wuchs die antiklerikale Stimmung in der Bevölkerung. Das Geld aus den Rechten am Rammelsberg fehlte an allen Ecken, während die Geistlichkeit weiterhin ihre Privilegien genoss. Hunderte von Klerikern mussten versorgt werden – keiner hatte einen Abschluss in Theologie! –, mit der Reformation brach deren Geschäftsmodell zusammen: Man brauchte sie nicht mehr als Beistand, um für das ewige Seelenheil zu beten. Damit endete auch die Tradition der sogenannten Seelenheilstiftungen, an deren Heilsbedeutung man nicht mehr so recht glauben mochte.

Also suchte der Rat Beistand und Hilfe bei Luther und seinen Mitarbeitern. Auch der Reformator Antonius Corvinus war kurzzeitig Pfarrer in Goslar. Die erste evangelische Gottesdienstordnung für die Goslarer Pfarrkirchen wurde 1528 verabschiedet. Auf dem **Gemeindehof** in der Nähe der Marktkirche wurde eine Lateinschule eröffnet, das ursprüngliche Gebäude steht dort nicht mehr. Das gilt auch für den späteren Standort in der Nähe des Doms, aus der alten Lateinschule ging das heutige Ratsgymnasium hervor. Der Rat der Stadt lavierte eine Zeit lang zwischen den Ansprüchen der Bürger und den Verboten des altgläubigen Kaisers, so blieb auch die Domschule weiterhin bestehen. Die Unsicherheit hielt an. Luther empfing 1529 eine Delegation der Stadt in Wittenberg und gab den besorgten Männern einen »Trostbrief« für die Goslarer Gemeinde St. Jakobi mit, der bis heute erhalten ist und in der Marktkirchenbibliothek verwahrt wird.

Am Museumsufer direkt An der Abzucht präsentiert das **Goslarer Museum** unter anderem reiche Schätze aus der Blütezeit Goslars im Mittelalter. In der Mönchestraße 3, einem Fachwerkbau von 1528, engagiert sich das **Mönchehaus-Museum** seit 1978 für den Dia-

Treffpunkt für Freunde zeitgenössischer Kunst: Das Mönchehaus-Museum in Goslar

log mit zeitgenössischer Kunst – mit dem renommierten »Goslarer Kaiserring« wurden international bedeutende Künstler wie Joseph Beuys, Christo, Georg Baselitz oder Gerhard Richter geehrt, jüngst etwa der Fotograf Boris Mikhailov oder der Konzeptkünstler Jimmie Durham. Auch hier findet sich ein spätes Erbe der Reformation, denn mit dem neuen Blick Martin Luthers auf den Eigenwert der Bilder konnte sich die Kunst von der Deutungshoheit der Kirche befreien – fortan standen die Bilder für sich, zur Anschauung, nicht zur Anbetung. Ein Bummel durch Goslars Museen ergänzt den Stadtspaziergang.

Zur Reformationsgeschichte in Goslar bietet die Stadt spezielle Stadtführungen über die Tourist-Information Goslar an.
🡒 *Telefon 053 21/78 06 21 und stadtfuehrungen@goslar.de; Öffnungszeiten und aktuelle Ausstellungen der Museen unter www.goslar.de*

Eine beliebte Flaniermeile:
An der Abzucht

67

Osterode

Entlang der Alten Harzstraße über Clausthal-Zellerfeld führt der Weg zum südlichen Rand nach **Osterode.** In der Fachwerkstadt hielt die Reformation auf zwei Wegen Einzug: über die protestantischen Welfenherzöge von Grubenhagen und seitens der Stadt von 1537 an über den Prediger Andreas Domeyer, der zuvor in St. Jakobi in Goslar als Reformator aktiv war. So gab es immer wieder neue Vernetzungen. Domeyer war auch dabei, als die Reformationsbibliothek in Goslar eröffnet wurde. In der **Marktkirche St. Aegidien** am Kornmarkt sind die Grabplatten der beiden Herzöge Philipp des Älteren und Wolfgang von Grubenhagen zu sehen. Die Kirche, die 1545 wie die gesamte Stadt vollkommen abbrannte, wurde 1551 komplett wieder aufgebaut (➔ *neben den Gottesdienstzeiten sonnabends von 10 bis 12.30 Uhr geöffnet; www.aegidien-marktkirche.de).* Wer ein wenig Zeit mitbringt, sollte sich über die Fußgängerzone hinaus auf den Weg zur **St. Marienkirche** auf dem Lindenberg machen – eine Oase der Ruhe mit einem großen Garten vor den alten Mauern. Der erste evangelische Pastor predigte hier 1544, doch mit der Reformation wurde die Marienfigur aus dem prächtigen Altar entfernt, den man erst 1517 bei einem Göttinger Bildschnitzer in Auftrag gegeben hatte. Es sollten Jahrhunderte vergehen, bis Maria wieder ihren Platz einnehmen konnte: Erst 1950 erhielt der Altar sein ursprüngliches Aussehen zurück.
➔ *Marienkirche und Kirchgarten täglich von 10 bis 18 Uhr geöffnet*

Reformation am Harzrand:
Das Residenzschloss in Herzberg

Herzberg

Ihren Anfang nahm die Reformation in dieser Harzrandregion jedoch in **Herzberg**, in der einige Kilometer weiter südlich gelegenen ehemaligen Residenzstadt der Grubenhagener Linie der Welfen – und zwar auf Initiative des Landesherrn. 1538 erließ Herzog Philipp der Ältere eine erste Kirchenordnung, die er wenige Jahre später präzisierte. Herzog Wolfgang legte schließlich 1581 nach mit einer großen Kirchenordnung für sein Herrschaftsgebiet, das im Verlauf der Geschichte in immer kleinere Fürstentümer aufgeteilt worden war und am Ende des 16. Jahrhunderts an die Herzöge von Braunschweig-Wolfenbüttel fiel. Im **Residenzschloss** in Herzberg ist heute das Amtsgericht untergebracht, in einem Flügel hat man ein kleines Museum eingerichtet.
➔ *www.museum-schloss-herzberg.de*

Walkenried

Die Fahrt zum **Kloster Walkenried** erinnert daran, dass die Zisterzienser gern abgelegene Gebiete besiedelten. Die himmelwärts ragende Ruine der Klosterkirche lässt allenfalls ahnen, wie reich und mächtig die ehemalige Zisterzienserabtei am Südzipfel des Harzrands einmal gewesen sein muss; sie wurde im 17. Jahrhundert aufgelöst und diente lange Zeit als Steinbruch. Erhalten geblieben ist der beeindruckende, teils doppelschiffige Kreuzgang der mittelalterlichen Klosteranlage. Der ehemalige Kapitelsaal ist seit 1570 die Kirche der evangelischen Gemeinde Walkenried.

Im Rhythmus von Gebet und Arbeit: Das ZisterzienserMuseum Kloster Walkenried

Spuren des Glaubens:
Die Ruine der Klosterkirche Walkenried

Das **ZisterzienserMuseum** Kloster Walkenried dokumentiert die wechselvolle Geschichte (➔ *geöffnet sonntags bis dienstags von 10 bis 17 Uhr; www.kloster-walkenried.de*). Ein Besuch lohnt in jedem Fall, das Museum zeichnet unterschiedliche Entwicklungsstränge nach und verweist auf organisatorische Parallelen des Klosters zu den Strukturen eines Großkonzerns. In den Wirren der Reformationszeit geriet das Kloster Walkenried in das Spannungsfeld weltlicher und kirchlicher Interessen, die Äbte wurden schrittweise entmachtet und mussten sich der neuen Lehre Luthers fügen. 1546 trat das Ordenskapitel zum neuen Glauben über. Wenige Jahre später, 1557, wurde in Walkenried eine Lateinschule eingerichtet, die bis 1669 bestand. In humanistischer Tradition bereitete man die Schüler auf das Studium der evangelischen Theologie vor, im streng klösterlichen Internatsbetrieb soll es oft zu Protesten gekommen sein – vielleicht stand deshalb auf dem Lehrplan neben Grammatik und Musik auch »Frömmigkeit«.

Die Marktkirchen-bibliothek

Harte Fakten: Das Baudatum 1535 über dem Eingang zum Bibliotheksgebäude

Die Marktkirchengemeinde in Goslar bewahrt einen Schatz, der lange Zeit weitgehend unbeachtet blieb. Der wertvolle Buchbestand aus der Zeit der Reformation umfasst rund 2 500 Titel – darunter 115 Inkunabeln, frühe Drucke aus der Zeit vor 1500. Eine Rarität ist das einzige noch erhaltene Exemplar des ersten Gemeindegesangbuchs – das »Erfurter Färbefaß-Enchiridion« von 1524 mit den ersten Liedern des Reformators Martin Luther. Bis heute stehen einige davon im evangelischen Gesangbuch (EG) und auch im neuen »Gotteslob« (GL) der katholischen Kirche, darunter »Mitten wir im Leben sind« (GL 503 / EG 518), »Gott sei gelobet und gebenedeiet« (GL 215 / EG 214)

oder das Weihnachtslied »Gelobet seist du Jesu Christ, dass du Mensch geworden bist« (GL 252 / EG 23).

Damit birgt die Marktkirchenbibliothek eine umfangreiche historische Büchersammlung, die seit 1535 nach Goslar gehört – darunter 434 reformationszeitliche Bände, die zum größten Teil aus der Privatbibliothek des Halberstädter Klerikers Andreas Gronewalt stammen. Gronewalt gehörte seinerzeit zu den heimlichen Anhängern der Reformation und wollte seine Bücher in Sicherheit bringen. Deshalb schickte er sie seinem Freund, dem Protestanten Eberhard Weidensee, der 1533 Superintendent in Goslar geworden war. Der Büchertransport muss abenteuerlich gewesen sein.

Seit einigen Jahren erforscht Helmut Liersch, der Beauftragte der Marktkirchenbibliothek und ehemalige Propst von Goslar, gemeinsam mit dem Reutlinger Theologen und Handschriftenexperten Ulrich Bubenheimer den historischen Bestand. Eine Detektivarbeit, die viel Geduld und Fingerspitzengefühl verlangt – bei ihrer intensiven Spurensuche sind sie auf aufschlussreiche Funde gestoßen, darunter auch auf handschriftliche Notizen des Reformators Philipp Melanchthon. Zeugnisse wie diese zeigen zugleich, wie sehr die Menschen damals um den rechten Glauben gerungen haben. Der Halberstädter Kleriker Gronewalt gehörte zunächst zu den Gegnern von Luthers neuer Lehre, doch die handschriftlichen Anmerkungen in seinen Büchern zeigen eindrucksvoll, auf welche Weise er sich den Ideen der Reformatoren näherte, auch im direkten Austausch mit Melanchthon in Wittenberg. Als die Büchersammlung aus Halberstadt nach Goslar kam, stifteten die inzwischen evange-

Hort des Humanismus: Bewahrtes Wissen
in der Marktkirchenbibliothek Goslar

lischen Geistlichen und Gelehrten der neu gegründeten Bibliothek je einen Band der Schriften von Augustinus, die Erasmus von Rotter-
dam 1528 ediert hatte. Die Stifter ließen sich
mit ihren Initialen in den Schließen der Leder-
einbände verewigen. Zu den Kostbarkeiten
zählen aber auch 63 noch zu Luthers Lebzeiten
gedruckte Schriften des Reformators, darunter
eine Ausgabe seines berühmten September-
testaments von 1522, der ersten Übersetzung
des Neuen Testaments aus dem griechischen
Urtext. Auch Luthers Trostbrief von 1529 an die
Goslarer Jakobi-Gemeinde zählt zum historischen Bestand. Teile der ursprünglichen Privatbibliothek des Andreas Gronewalt werden
heute in Wittenberg und in der Herzog August
Bibliothek in Wolfenbüttel verwahrt.

Die Bücher wurden 1535 in einem eigens dafür
errichteten Anbau an der Nordseite der Marktkirche untergebracht, davon zeugt die in Stein
gehauene Jahreszahl über der Außentür der
nördlich gelegenen Sakristei. Heute ist dieser
Raum verwaist. Der historische Bücherschatz
soll künftig dauerhaft öffentlich zugänglich
gemacht werden – derzeit geplant ist für 2018
ein Umzug vom Kirchenverbandsamt auf den
»Kulturmarktplatz« am Museumsufer in Goslars Altstadt.

Lesetipp:

Helmut Liersch (Hrsg.): Marktkirchen-Biblio-
thek Goslar. Beiträge zur Erforschung der
reformationszeitlichen Sammlung, Regens-
burg 2017

Reformation macht Schule

ROUTE 4

Mit der neuen Glaubenslehre der Reformatoren wurde auch das Schulwesen neu geordnet. Im Zentrum stand das Recht auf Bildung – auch für Mädchen. Denn jeder sollte künftig selbst in der Lage sein, die Bibel zu lesen und sein Leben nach den christlichen Geboten auszurichten. → Eine Reise durch die Bildungslandschaft vom ehemaligen Reichsstift GANDERSHEIM über die Lateinschule in ALFELD nach HILDESHEIM.

»Nicht müde werden

sondern dem Wunder

leise wie einem Vogel

die Hand hinhalten.«

Hilde Domin, 1909 – 2006

Reichsstift Gandersheim

Die Pyramiden Ägyptens, die geheimnisvollen Paläste und Gärten von Isfahan, die Ewige Stadt Rom – Fernweh, Wissensdurst und Forschergeist bildungsbewusster Frauen haben sich in die Wände der Sommerresidenz auf dem Klostergelände Brunshausen eingeschrieben. Ein zentrales Erbe der Reformation, denn nach der neuen Lehre Luthers und seiner Mitstreiter in Wittenberg, allen voran Philipp Melanchthon, gehörte das Recht auf Bildung für alle – nicht nur für den Klerus und einige wenige wohlhabende Adlige und Patrizier – zu den Kernforderungen einer zeitgemäßen Erziehung mündiger Christen. Äbtissin Elisabeth Ernestine Antonie von Sachsen-Meiningen nahm diesen Auftrag ernst. Als Chefin des renommierten Gandersheimer Frauenstifts, das mit der Reformation evangelisch

Wechselvolle Geschichte: Ein Sommerschloss in einer der ältesten Klosteranlagen Niedersachsens

»Starke Frauen – Feine Stiche«: Das »Portal zur Geschichte« im Kloster Brunshausen

wurde, verhalf sie im 18. Jahrhundert dem benachbarten **Kloster Brunshausen** zu neuer Blüte. Auf dem Klosterareal, das zu den ältesten Klosteranlagen Niedersachsens gehört, ließ sie ein **Sommerschloss** erbauen, sie richtete eine Kunst- und Naturaliensammlung ein und stattete die oberen Räume mit ansprechenden Wandmalereien aus. Experten vermuten, dass diese Räume eine Art Schulzentrum für Mädchen und junge Frauen gewesen sein könnten, vielleicht auch für Teilnehmerinnen von außerhalb der Klostermauern. Heute gehört der Komplex des einstigen Benediktinerinnenklosters rund zwei Kilometer außerhalb von **Bad Gandersheim** zum »Portal zur Geschichte«.

Denn das Kloster Brunshausen war die Keimzelle des reichsfreien **Gandersheimer Frauenstifts**. Berühmt wurde das Stift auch durch Deutschlands erste Dichterin Roswitha von Gandersheim, die hier von etwa 935 bis 980

lebte und mit ihren Versen die Gründungs-
legende festhielt. Liudolf und Oda, die Stamm-
eltern der Ottonen, gründeten 852 in Gandersheim ein Kanonissenstift. Der Dichterin Roswitha zu Ehren vergibt die Stadt Gandersheim
jährlich den »Roswitha-Preis«, eine Auszeich-
nung für Schriftstellerinnen und Roswitha-
Forscherinnen; die Dichterin Hilde Domin
erhielt den Literaturpreis im Jahr 1974.

Eine Ausstellung unter dem Motto »Starke
Frauen – Feine Stiche« in der historischen
Klosterkirche erinnert an die mächtigen und
hoch gebildeten Stiftsdamen, Äbtissinnen
und Kaisertöchter, die hier gelebt, gebetet –
und gestickt haben. Prachtvoll sind die
Stickarbeiten für Ornate und Altarbehänge,
eine Tradition, die die Kanonissen nach Einführung der Reformation 1568 fortgesetzt haben. Auf dem Klostergelände lassen sich mit
einem Audioguide zudem verschiedene Hör-
stationen ansteuern, die vom wechselvollen
Schicksal dieses Ortes berichten – von der
Klostergründung im 9. Jahrhundert bis zu den
grausamen Verbrechen der Nationalsozia-
listen, die hier ein Außenkommando des Kon-
zentrationslagers Buchenwald eingerichtet
hatten.
*Kloster Brunshausen dienstags bis sonntags
von 11 bis 17 Uhr geöffnet, in den Wintermonaten von 12 bis 16 Uhr; öffentliche Führungen
sonnabends und sonntags um 14 Uhr; www.
portal-zur-geschichte.de*

Im historischen Stadtkern:
Die Stiftskirche von Gandersheim

Das »Portal zur Geschichte« öffnet sich auch
in der **Stiftskirche** im historischen Stadtkern
von Gandersheim, der Grablege Liudolfs, dem
Großvater König Heinrichs I. »Schätze neu
entdecken« heißt die Ausstellung auf der
Westempore der mittelalterlichen Kirche. Zu
sehen sind die Reste des im 17. Jahrhundert
verkauften Stiftsschatzes, darunter ein mittelalterliches Bergkristallgefäß, das als Heilig-
Blut-Reliquie verehrt wurde. Zugleich verweist
die Präsentation aber auch auf den Umgang
der Stiftsdamen mit den Reliquien nach der
Einführung der Reformation: Zwar wurden die
kostbaren Reliquienbehälter später zu Geld
gemacht, doch offenbar mochten sich selbst
die evangelischen Klosterfrauen nicht von den
winzigen Knochensplittern, jenen »Heiligtü-
mern« im Innern, trennen und ließen eigens
für deren Aufbewahrung einen Schrank anfer-
tigen, der heute in der Ausstellung steht.

Gestickte Gebete: Die Dauerausstellung
im »Portal zur Geschichte«

Während sich die Stiftsdamen zunächst vehement gegen die Reformation zur Wehr setzten, stritten die Gandersheimer Bürger für den neuen Glauben, obwohl ihr Landesherr Herzog Heinrich der Jüngere, wie wir wissen, beharrlich am alten Glauben festhielt. In der Zeit des Schmalkaldischen Interims von 1542 bis 1547 – als das Bündnis der evangelischen Fürsten hier für kurze Zeit den Ton angab – machten die Bürger ihrem Ärger Luft und zerstörten zahlreiche Kunstwerke und Altäre. Erst als Herzog Julius gut 20 Jahre später die Reformation in seinem Herzogtum einführte, wurde auch Gandersheim evangelisch. Das Frauenstift Gandersheim kämpfte noch bis 1589 gegen die neue Lehre – bis die letzte altgläubige Äbtissin Margaretha von Chlum verstarb. Ein Epitaph erinnert an sie und an ihre Schwester und Amtsvorgängerin Äbtissin Magdalena. Die Stiftskirche wurde zur Stadtkirche und Hauptkirche des nun zuständigen Superintendenten. ⮞ *Stiftskirche Bad Gandersheim dienstags bis sonntags von 11 bis 17 Uhr, in den Wintermonaten von 12 bis 16 Uhr geöffnet; www. portal-zur-geschichte.de*

Den **Renaissancetrakt der Abtei** ließ die erste protestantische Äbtissin Erica von Waldeck erbauen. Die Stiftsschule wurde gemäß der Kirchenordnung in eine Partikularschule umgewandelt, um die Schüler auf die Universität vorzubereiten. Das historische **Rathaus** bauten die Gandersheimer nach einem Stadtbrand 1580 im Stil der Renaissance wieder auf. In der **St. Georgskirche** haben sich die Emporeneinbauten von 1597 erhalten, das Doppelbildnis von Luther und Melanchthon stammt aus dem späten 17. Jahrhundert. In der **Klosterkirche Clus** erinnert die Grabplatte an den ersten evangelischen Abt Georg Schünemann.

Im Stil der Renaissance:
Das Gandersheimer Rathaus

Um die **Burg**, heute Sitz des Amtsgerichts, und das ehemalige Barfüßerkloster öffnet sich ein bemerkenswertes Kapitel politischer und auch persönlicher Geschichte: Herzog Heinrich der Jüngere war oft und gern in Gandersheim, denn hier traf er sich mit seiner Dauergeliebten Eva von Trott. Im Barfüßerkloster der Franziskaner ließ er die Frau, mit der er zehn Kinder hatte, zum Schein begraben, um sich nicht von ihr trennen zu müssen. Sein legitimer Sohn und Amtsnachfolger Julius, der erste Protestant dieser Welfenlinie, ließ die Burg später zur Nebenresidenz ausbauen. Das Franziskanerkloster löste er allerdings auf und richtete hier 1571 das Paedagogium illustre ein – bevor es drei Jahre später nach Helmstedt verlegt wurde, als Fundament der dortigen Universität. Heute ist das Barfüßerkloster im Stadtbild von Bad Gandersheim kaum noch erkennbar, übrig geblieben ist lediglich ein Grabstein aus dem frühen 16. Jahrhundert.

Northeim

Ein Abstecher rund 20 Kilometer südlich führt in die historische Fachwerkstadt **Northeim.** Erhalten geblieben ist das **Corvinushaus**, dort verfasste der Reformator Antonius Corvinus im Jahr 1539 die Kirchenordnung der Stadt. Schon Mitte des 15. Jahrhunderts hatten die Northeimer eine städtische Lateinschule gegründet und das heutige Gymnasium Corvinianum setzt diese Schultradition auf seine Weise fort. Corvinus gelang es damals, die Reformatoren zur Mäßigung aufzurufen; wohl auch deshalb blieb der **Kirche St. Sixti** der Bildersturm erspart. Vollendet wurde der Bau 1519. Im Kirchenschiff finden sich viele Spuren aus altgläubiger Zeit: Der Hochaltar zeigt die Krönung der Maria zur Himmelskönigin in einem Kreis musizierender Engel, das Taufbecken stammt von 1510. Auf dem Schlussstein im Deckengewölbe wurde um 1540 eine Holzplatte mit der Lutherrose angebracht – ein zentrales Vermächtnis der Reformation. So bildet Luthers »Markenzeichen« im östlichen Mittelschiff der Kirche eine Einheit mit dem spätmittelalterlichen Marienaltar und verweist auf das Miteinander altgläubiger und evangelischer Glaubenstraditionen.

➔ *www.sixti-northeim.de; thematische Stadt- und Kirchenführungen auch unter www.northeim-touristik.de*

Was alles zusammenhält: Der Schlussstein im Deckengewölbe der Kirche St. Sixti wurde 1540 mit der Lutherrose verziert, die Deckenmalerei stammt aus der Zeit des Historismus

Das Pfarrhaus am Kirchplatz dokumentiert, dass mit dem neuen Glauben auch die Versorgung der Pastoren, ihrer Familien und Witwen grundsätzlich neu geregelt werden musste. Denn mit Aufhebung des Zölibats, der Pflicht zur Ehelosigkeit der Priester, brauchten die verheirateten Pastoren ein verlässliches festes Gehalt.

Im Zentrum von Northeim erinnert das ehemalige Benediktinerkloster **St. Blasien** an die klösterliche Tradition in Norddeutschland, der letzte Abt lebte dort bis 1570. Teile des historischen Fachwerkbaus der ehemaligen Klosteranlage wurden in den 1970er Jahren saniert, heute sind hier das Standesamt und der Bürgersaal untergebracht. Erhalten geblieben ist die Kapelle, in der bis heute Gottesdienst gefeiert wird.

Einbeck

Zentral gelegen:
Das »Brodhaus« am Markt

Vom Fachwerk geprägt ist auch das Stadtbild von **Einbeck** knapp 20 Kilometer nordwestlich von Northeim. Dort stritten schon in den 1520er Jahren die Handwerkergilden für den neuen Glauben, auch hier kam es zu turbulenten Szenen zwischen den Altgläubigen und den Anhängern der Reformation. Ab 1529 stellten die Protestanten die Mehrheit im Rat, in den Kirchen der Stadt musste fortan evangelisch gepredigt werden – das galt für die **Marktkirche St. Jakobi** wie für die **Neustädter Kirche**. Mit dem weiterhin altgläubigen Stift **St. Alexandri** wurde ein besonderer Vertrag abgeschlossen, so gelang in Einbeck offenbar ein friedliches Nebeneinander der beiden Konfessionen. Dabei begeisterten sich in Einbeck sogar die Stiftsbrüder zunächst für die neue Lehre aus Wittenberg, bis die Stiftsherren diese Entwicklung erst einmal stoppen konnten. Später wurde das Stift aufgehoben.

Im 16. Jahrhundert war Einbeck eine wohlhabende Handelsstadt und das Einbecker Bier ein Exportschlager weit über die Stadtgrenzen hinaus. Herzog Erich I. von Göttingen-Calenberg soll Martin Luther vor dessen Rede auf dem Reichstag zu Worms eine Kanne Einbecker spendiert haben – zur Beruhigung. Auch zur Hochzeit von Luther mit Katharina von Bora 1525 in Wittenberg soll reichlich Einbecker Bier geflossen sein.

Als der Landesherr Herzog Philipp von Grubenhagen 1534 zum evangelischen Glauben übertrat, schloss sich Einbeck dem Schmalkaldischen Bund der protestantischen Fürsten an. Mitte des 16. Jahrhunderts wurde die Stadt von mehreren Katastrophen – Bränden und Pest-Epidemien – heimgesucht. Doch die Einbecker, das zeigt ein Rundgang durch die malerische **spätmittelalterliche Innenstadt,** bauten ihre Stadt mit den Kirchen, dem Rathaus und den reich verzierten Bürgerhäusern umso selbstbewusster wieder auf.

Alles Fassade:
Einbecker Stadtansichten

Dassel

Weiter westwärts führt der Weg in Richtung Weser bis zum ehemaligen Zisterzienserkloster Amelungsborn. Ein Zwischenstopp in **Dassel** führt jedoch zunächst zum »Weltgericht« von 1577. Das Wandgemälde in der **St. Laurentiuskirche** ist ein eindrucksvolles Bekenntnis zum Luthertum – gewissermaßen ein Ausrufezeichen in Seccotechnik. Dassel gehörte im 16. Jahrhundert zum Herzogtum Göttingen-Calenberg, wo Elisabeth von Calenberg zügig die Reformation einführte, doch als ihr Sohn Erich II. zum alten Glauben zurückkehrte, gab es in Dassel – wie auch andernorts – Proteste.

Mit Erfolg. In der Laurentiuskirche in Dassel trafen sich evangelische Prediger aus dem Calenberger Land und beschlossen, die gotische Hallenkirche aus dem 15. Jahrhundert mit dem neuen Glaubensbekenntnis auszumalen – auch als Seitenhieb gegen die Calvinisten. Der unbekannte Künstler entschied sich für einen konventionellen Bildaufbau, auf der linken Bildhälfte des »Weltgerichts« sieht man die geretteten Seelen, rechts, im Höllenschlund, die Verdammten, unter ihnen auch Papst und Mönch. Selbst Johannes Calvin, der Gründer der reformierten Kirche, steht hier unter dem Einfluss des Teufels, während Luther, Melanchthon und Bugenhagen ihren Platz bei Petrus gefunden haben. Dargestellt sind auch Elisabeth von Calenberg und mit Barett ihr Vertrauter, Reformator Antonius Corvinus.

➲ *Kirchenschlüssel im benachbarten Gemeindehaus abholbar*

Papst und Mönch im Höllenschlund:
Das »Weltgericht« in der St. Laurentiuskirche

Kloster Amelungsborn

Evangelische Frömmigkeit:
Das Kloster Amelungsborn

Am Rande des Sollings liegt das **Kloster Amelungsborn**, ein Ort evangelischer Frömmigkeit in der Tradition der Zisterzienser, die sich im 12. Jahrhundert im Weserbergland niederließen. Nach Walkenried ist das Kloster Amelungsborn die älteste Zisterziensergründung in Niedersachsen. Als 1542 Visitationskommissionen unter der Leitung von Corvinus und Bugenhagen nach Amelungsborn kamen, wollten fünf der insgesamt zwölf Konventualen im Kloster bleiben. Doch nach einem kurzen katholischen Interim wurde das Kloster unter Herzog Julius von Braunschweig-Wolfenbüttel endgültig lutherisch. Eine Grabplatte im südlichen Seitenschiff der Klosterkirche erinnert an den letzten katholischen Abt Andreas Steinhauer, unter dessen Leitung die Reformation eingeführt und eine Lateinschule für begabte Jungen gegründet wurden. Zwar verlegte man die Schule im 18. Jahrhundert nach Holzminden, doch letztlich trug der Schulbetrieb dazu bei, dass das Kloster heute als evangelischer Konvent innerhalb der Landeskirche Hannovers weiterhin besteht. Im Zweiten Weltkrieg wurde das Kloster schwer beschädigt und später wieder aufgebaut. Die letzte Wunde wurde erst jüngst geschlossen, als man dem Vierungsturm eine rund 15 Tonnen schwere Spitze aufsetzen konnte. Im Nachkriegsdeutschland zog auch wieder geistliches Leben ins Kloster Amelungsborn ein. Zur klösterlichen Gemeinschaft gehören neben dem Abt und sieben geistlichen Konventualen die Familiaritas, das sind Männer aus unterschiedlichen Berufen, die sich hier regelmäßig zum Gebet und zur geistlichen Einkehr treffen. Wie das Kloster Loccum (Route 6) gehört das Kloster Amelungsborn heute zur Gemeinschaft Evangelischer Zisterzienserserben und engagiert sich für den ökumenischen Dialog mit der katholischen Kirche. Den klösterlichen Rhythmus gibt das Stundengebet viermal am Tag vor, ein Team vor Ort betreut das Gästehaus, regelmäßig werden Tagungen veranstaltet – als Angebot für geistliche Auszeiten. Der Gemeindegottesdienst umfasst Formen der lutherischen Messe. *www.kloster-amelungsborn.de*

Einkehr und Gebet:
Ein Blick in die Klosterkirche

Alfeld

Das Lernprogramm an der Wand:
Die Lateinschule in Alfeld

Reformation macht Schule – das lässt sich geradezu exemplarisch an den Fachwerkfassaden der **Lateinschule** in **Alfeld** ablesen. Wer von Amelungsborn aus über den Hils in Richtung Nordosten weiterfährt, kann sich das Bildungsprogramm evangelischer Prägung buchstäblich vor Augen führen. Im Stadtkern von Alfeld, neben der **Kirche St. Nikolai**, steht ein ziegelroter Bau mit lateinischen Inschriften und mehr als 130 farbenprächtigen Bildschnitzereien: ein einmaliges Zeugnis humanistischer Erziehungsideale in Verbindung mit protestantischer Frömmigkeit. Das Spektrum reicht von der biblischen Schöpfungsgeschichte bis zur neutestamentlichen Heilsgeschichte, Propheten und Apostel sind hier ebenso in Szene gesetzt wie die Engel auf der Himmelsleiter: Sie sind hier nicht nur als Boten zwischen Himmel und Erde unterwegs, sondern fungieren zugleich als Mittler zwischen Lehrern und Schülern, die die Stufen des Wissens emporsteigen – schöner ließe sich kluge Pädagogik kaum ins Bild setzen.

Dazu kommen die Helden der Griechen und Römer, die Tugenden und die Laster, die Sieben Freien Künste und die Fakultäten Theologie, Jurisprudenz und Medizin. Am Nordgiebel haben die Reformatoren Martinus Lutherus und Philippus Melanchthon ihren Platz gefunden. Allein die Außenfassade des 1610 erbauten Schulhauses signalisiert: Ohne Fleiß kein Preis – das verstanden auch diejenigen, die damals (noch) nicht lesen konnten. Die Gebildeten wiederum schufen sich mit diesem Bau ein aufsehenerregendes Prestigeobjekt. Mit Hopfen und Handel war die Stadt zu Wohlstand gekommen, eine Lateinschule hatten die Bürger schon im 15. Jahrhundert gegründet. Herzog Julius dachte zunächst darüber nach, hier die evangelische Universität seines Herzogtums zu gründen, doch dann entschied er sich für Helmstedt.

In die Schrift vertieft: Bildtafel des Reformators
Martin Luther an der Lateinschule

Der Alfelder Schuldirektor und Superintendent Bartholomäus Sengebähr kümmerte sich intensiv um den Neubau der Lateinschule und setzte sich für die Restaurierung der **Stadtkirche St. Nikolai** ein, die 1542 evangelisch geworden war. In jenen Jahren des Umbruchs bauten die Alfelder auch ihr neues **Rathaus** im Stil der Weserrenaissance. Für das Bildprogramm an den Fassaden der Lateinschule wurde der Holzschnitzer Andreas Steiger aus dem nahe gelegenen Hildesheim engagiert.

Hildesheim

Brachte die Reformation
nach Hildesheim: Der Reformator
Johannes Bugenhagen

Tradition. Das ließ er auch an der Fassade seines
viergeschossigen Baus von 1606 verewigen.
Auf einer der Bildtafeln ist der heilige Bischof
Bernward dargestellt, auf einer anderen findet
sich die Figur der Maria als Himmelskönigin.
Kein Zweifel, dieser Mann hatte mit der neuen
Lehre Luthers nicht viel im Sinn. Im Gegensatz
zu Hans Storre – der wohlhabende Patrizier
aus Flandern hatte sein Haus wenige Jahre zuvor am **Marktplatz** neben dem **Rathaus** erbauen lassen und sich mit seinen Fassaden-
schnitzereien zum Luthertum bekannt. Das
Storre-Haus, bekannt vor allem als **Wedekind-
haus,** wurde komplett zerstört, zu sehen ist
ein Nachbau aus dem späten 20. Jahrhundert.
Wer sich ein wenig Zeit lässt und in die Bilder
vertieft, erkennt allerdings schnell, dass die
beiden Bauherren viele Werte teilten – das zeigen die Bibelzitate und auch die Darstellungen
der christlichen Kardinaltugenden Glaube,
Liebe, Hoffnung.

Schließlich galt die Domstadt **Hildesheim**
lange Zeit als »Nürnberg des Nordens«, so reich
und kunstvoll waren die Fachwerkhäuser dort
verziert. Fachleute sprechen auch von der »Hildesheimer Spätrenaissance«, ein Stil, der in ganz
Südniedersachsen zu finden ist. Nach den verheerenden Bombenangriffen im März 1945 sind
jedoch nur noch wenige dieser Fachwerkhäuser
im Original erhalten geblieben. Dabei lassen
sich in einigen Inschriften regelrechte »Glaubenskämpfe« an den Häuserfronten ablesen
– etwa an dem berühmten **Wernerschen Haus**
am Hinteren Brühl, gegenüber der Godehardi-
kirche. Es gehört zu den wenigen Häusern im
Originalbestand. Sein Bauherr, Philip Werner,
war bischöflicher Sekretär am Domhof und
daher vehementer Verfechter der altgläubigen

Altgläubiges Bekenntnis: Das Wernersche
Haus am Hinteren Brühl

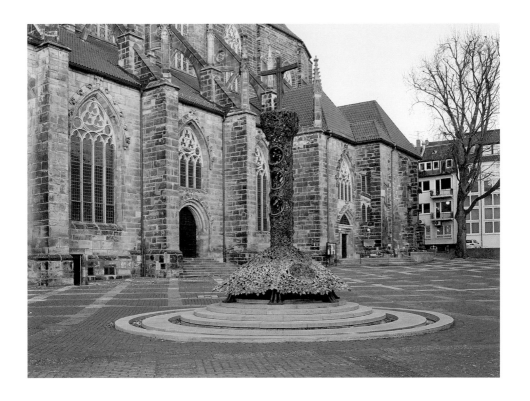

Die rekonstruierten Bauten am Hildesheimer Marktplatz, darunter das **Bäckeramtshaus** und das **Knochenhaueramtshaus** (hier ist das Stadtmuseum untergebracht), erinnern daran, wie stark die Handwerkergilden auch in der Domstadt früher waren. Seit Jahrhunderten schon lagen die Bürger mit ihrem Landesherrn, dem Bischof von Hildesheim, im Streit um Rechte und Privilegien. Auch der Stiftsadel begehrte gegen den Bischof auf, die Auseinandersetzungen um das Hochstift Hildesheim gipfelten Anfang des 16. Jahrhunderts in der Hildesheimer Stiftsfehde. Der Bischof wurde stark geschwächt, sein Herrschaftsgebiet schrumpfte dramatisch, er verlor weitreichende Gebiete an die Welfen.

Ort der ersten evangelischen Predigt in der Domstadt Hildesheim: Die St. Andreaskirche mit dem Bugenhagen-Brunnen

In Hildesheim engagierte sich der standhaft altgläubige Bürgermeister Hans Wildefuer für die Interessen der Stadt gegenüber dem Bischof. Doch die Reformation konnte er nicht aufhalten. In der Bürgerschaft fanden sich viele Anhänger, auf den Straßen hörte man Luther-Lieder. Um 1530 war die **St. Andreaskirche** ein Zentrum der reformatorischen Bewegung – so vollzog sich auch in der Domstadt Hildesheim die Reformation »von unten«. Aber erst 1542, nach dem Tod von Bürgermeister Wildefuer, wurde in Hildesheim die neue Lehre Luthers eingeführt. In der überfüllten

Reformation und Zeitgenossenschaften:
»Skulptur des Wortes« von Gerd Winner
an der St. Andreaskirche

Stadtkirche St. Andreas hielt der Reformator Johannes Bugenhagen die erste evangelische Predigt und verfasste noch im gleichen Monat die Kirchenordnung – mit Unterstützung von Corvinus und dem Reformator Hermann Winckel. Eine Inschrift in der südlichen Eingangshalle von 1543, die für das sogenannte Bugenhagenportal vorgesehen war, erinnert an diese Ereignisse. In der Taufkapelle der Kirche findet sich ein Prunkstück reformatorischer Kunst: Das Messingtaufbecken von 1547 mit seinem reichen Bildprogramm bleibt ein herausragendes Zeugnis evangelischer Glaubenslehre und Politik – nach Maßgabe der neuen Kirchenordnung. ➔ *Hildesheimer Andreaskirche täglich geöffnet; www.andreaskirche.com*

Auf dem südlichen Andreasplatz, am Übergang zur Einkaufscity, erbauten die Hildesheimer 1995 den bronzenen Bugenhagen-Brunnen und auf der anderen Seite des Kirchplatzes steht seit 2015 die »Skulptur des Wortes«, eine zeitgenössische Arbeit aus Stahl des Künstlers Gerd Winner – in moderner lutherischer Lesart.

Die Hildesheimer hatten sich schon früh für die Ideen des Humanismus begeistert. Buchdruck und Buchhandel florierten in der Domstadt. Schon im 13. Jahrhundert gründeten die Hildesheimer an der Andreaskirche eine Bürgerschule – das heutige **Andreanum** – als Gegenpol zur mittelalterlichen Domschule, der über die Grenzen weithin bekannten Kaderschmiede des Klerus. Die konkurrierende Domschule wurde nach der Reformation von den Jesuiten als **Bischöfliches Gymnasium Josephinum** weitergeführt und ist heute ein modernes katholisches Gymnasium. Schon im späten Mittelalter wetteiferten die Schüler des Andreanums mit den Schülern vom Domhof. Im Zeitalter der Reformation soll es bisweilen sogar zu handfesten Übergriffen der Schüler gekommen sein, doch das ist freilich längst Geschichte. Noch immer setzen die beiden Traditionsgymnasien Maßstäbe innerhalb der Schullandschaft Hildesheims. In der Dombibliothek auf dem Domhof werden zahlreiche historische Bände aufbewahrt, darunter auch ein Lehrbuch für Mathematik, das Bischof Bernward vor rund 1200 Jahren für die Domschule angeschafft hat – exklusiv für den angehenden Klerus.

Der mittelalterliche **Dom** mit seinen Schätzen gehört zum Welterbe der UNESCO. Im 2015 neu eröffneten **Dommuseum** ist eines der zentralen Exponate der imposante, neun Meter hohe Lettner aus Kalksandstein von 1546. Die liturgische Schranke stand ursprünglich im Dom und trennte das gläubige Volk im Kirchenschiff von den Gottesmännern des Domkapitels im Hochchor der Bischofskirche – ein eindrucksvolles Zeugnis altgläubiger Tradition in der Epoche des Aufbruchs. Aufschlussreich ist auch das Wrisberg'sche Epitaph, eine

Katholische Glaubenspropaganda: Das Wrisberg'sche Epitaph
im Hildesheimer Dommuseum

Faszinierende Durchblicke:
Der mittelalterliche Kirchenschatz
im Hildesheimer Dommuseum

Stiftung des 1590 verstorbenen Domherrn Ernst von Wrisberg und ein anschauliches Beispiel katholischer Glaubenspropaganda: Dargestellt ist die Institution Papstkirche als Spenderin der Gnade. Ende des 16. Jahrhunderts gelang es den Wittelsbacher Bischöfen, vom Domhof in Hildesheim aus eine Rekatholisierungskampagne zu starten. Erfolg hatten sie damit vor allem in den umliegenden Dörfern, während die Stadt Hildesheim selbst evangelisch blieb.
➔ *Hildesheimer Dommuseum dienstags bis sonntags von 10 bis 17 Uhr geöffnet; www.dommuseum-hildesheim.de*

Das Hildesheimer **Roemer- und Pelizaeusmuseum**, das an den Domhof angrenzt, beherbergt einen Teil seiner Sammlungen in der ehemaligen Martinikirche. Sie gehörte zum Franziskanerkloster, das mit der Reformation aufgelöst wurde. Vom Museum aus führt die alte Burgstraße geradewegs hinauf zum Michaelishügel. Für das Michaeliskloster, das der kunstverständige und machtbewusste Bischof Bernward als Grablege um 1010 in Blickachse vom Dom erbauen ließ, begann mit Einführung der Reformation eine wechselvolle Entwicklung. Die romanische **Klosterkirche St. Michaelis** gehört ebenfalls zum UNESCO-Welterbe. Sie wurde 1543 evangelisch, das angeschlossene Benediktinerkloster und die Krypta der Klosterkirche mit dem Grab Bischof Bernwards

Weltkulturerbe:
Die Kirche St. Michaelis mit der modernen
Christusfigur von Thomas Duttenhoefer

blieben jedoch der katholischen Kirche über-
lassen – eine unglückliche Regelung für beide
Seiten. Das Michaeliskloster wurde im Zweiten
Weltkrieg fast vollständig zerstört, die Kirche
hat man in den Nachkriegsjahren – ebenso wie
den Dom – wieder aufgebaut. Heute ist St. Michaelis eine Simultankirche, die katholische
Krypta und das evangelische Kirchenschiff,
das von der berühmten mittelalterlichen
Holzdecke überwölbt wird, sind durch einen
offenen Gang miteinander verbunden – ein
Erbe der Reformation in ökumenischer Gemeinschaft. So ließe sich auch die versöhnliche

Geste der Christusfigur im Altarraum deuten.
Die schrundige Skulptur aus rot korrodiertem
Eisen stammt von dem zeitgenössischen
Künstler Thomas Duttenhoefer und sorgte bei
einigen Gläubigen zunächst für Irritationen.
Doch wenn das Licht im Ostchor auf den Corpus
mit seinen ausgestreckten Armen fällt, wirft
die Figur einen besonderen Schatten. Dann
sieht es so aus, als umfange dieser geschunde-
ne Christus alle Menschen – egal, welcher Kon-
fession und welcher Religion sie angehören
oder welche Hautfarbe sie haben. ➔ *täglich
geöffnet; www.michaelis-gemeinde.de*

Ein Erbe der Reformation: die Stiftung Braunschweigischer Kulturbesitz

Kirchtürme, die die Landschaft prägen, Klosteranlagen mit ihren mittelalterlichen Kreuzgängen und Gärten als »Orte der Stille«, majestätische alte Bäume, die in der Sommerhitze Schatten spenden, Wälder, Berge und Flussniederungen – eine reiche Kulturlandschaft öffnet sich zwischen Elm, Harz und den Ausläufern des Weserberglands. Man ist dann mal weg – unter freiem Himmel können Ausflügler, Wanderer und Pilger ihr eigenes Tempo finden. Neben den vielen historischen **Kirchen, Klöstern, Konventen** oder Stiftungsgütern zwischen **Braunschweig, Helmstedt** und **Königslutter** verfügt die **Stiftung Braunschweigischer Kulturbesitz** (SBK) über mehr als 5 000 Hektar Wald. Allein damit gehört sie heute zu den größten Waldbesitzern Niedersachsens. Ein stattliches Erbe – und eine Verpflichtung für das Braunschweiger Land. Schließlich beginnt die Geschichte der Stiftung mit der Einführung der Reformation 1568/69.

Als Herzog Julius die Regierungsgeschäfte von seinem Vater Heinrich dem Jüngeren im Herzogtum Braunschweig-Wolfenbüttel übernahm, erbte er ein riesiges Territorium. Der protestantische Landesherr war zugleich Oberhaupt der Kirche, damit fiel ihm auch das kirchliche Vermögen zu. Im Gegensatz zu vielen anderen protestantischen Herrschern ließ er dieses Vermögen jedoch nicht in die Staatskasse fließen, sondern sorgte dafür, dass es separat verwendet werden sollte – nach einem ähnlichen Modell verfuhr seinerzeit übrigens auch die »Reformationsfürstin« Herzogin Elisabeth von Calenberg in ihrem Herrschaftsgebiet (mehr dazu in den folgenden Routen). So verfügte auch Herzog Julius in seiner Klosterordnung von 1569, die Erträge aus dem

Porta patet, cor magis: Auf dem Pilgerweg zum Kloster Amelungsborn

Im Mittelalter ein wichtiger Wallfahrtsort: Der Dom zu Königslutter im Braunschweiger Land

Kirchenvermögen künftig ausschließlich für kulturelle und wissenschaftliche Zwecke zu verwenden; eine richtungsweisende Entscheidung, die seine Nachfolger bestätigen sollten. Sie gilt bis heute. Reformation macht Schule – diesem Anspruch folgte auch der Braunschweigische Klosterfonds, aus dessen Erträgen sich die 1576 gegründete Universität Helmstedt und das 1745 eingerichtete Collegium Carolinum, der Vorläufer der Braunschweiger Universität, unterhalten ließen. Eine nachhaltige Strategie der Bildungsförderung – im 19. Jahrhundert wurde der Braunschweigische Klosterfonds mit dem kleineren Vermögen des Studienfonds der Universität Helmstedt zusammengeführt. Die Selbstständigkeit und das Vermögen der Klöster – darunter das **Kloster Marienberg** mit seinem evangelischen Damenkonvent in Helmstedt – blieben davon weiterhin unberührt.

1934 kam es staatlicherseits zur Gründung der Braunschweig-Stiftung, mit dem Ziel, die kulturelle Identität des alten Landes Braunschweig zu sichern. Davon profitieren nach wie vor drei zentrale Institutionen: das Staatstheater Braunschweig, das **Braunschweigische Landesmuseum** (damals noch Vaterländisches Museum) und die Technische Universität Braunschweig (damals noch Technische Hochschule).

Rittergut mit Tradition:
Die Deutschordenskommende Lucklum

2005 schlossen sich die Fördereinrichtungen zusammen und seitdem werden die Vermögen gemeinsam verwaltet – von der Stiftung Braunschweigischer Kulturbesitz mit Sitz in Braunschweig. In der Tradition der Reformatoren erhalten nach wie vor kirchliche, kulturelle und soziale Projekte Geld aus diesem Topf. Dazu gehört etwa der 2010 sanierte romanische **Kaiserdom** in **Königslutter,** die kaiserliche Grablege aus dem 12. Jahrhundert war ein wichtiger Wallfahrtsort, bevor das Gotteshaus unter Herzog Julius evangelisch wurde. Gefördert werden auch das Zisterzienser-Museum **Kloster Walkenried** am Harzrand oder der **Braunschweiger Jakobsweg** – eine mittelalterliche Pilgerweg-Strecke nach San-

tiago de Compostela, die von Magdeburg im Osten bis nach Höxter im Westen führt. Unter der Ägide der Evangelischen Akademie Abt Jerusalem in Braunschweig haben sich die Stiftung Braunschweigischer Kulturbesitz sowie mehrere Landeskirchen, Bistümer, Kirchengemeinden und Kommunen zusammengeschlossen, um die mittelalterliche Tradition des Pilgerns in die Zukunft zu führen – als ökumenisches Projekt mit mehreren Partnern.

Ein Etappenziel auf diesem Pilgerweg ist die ehemalige **Deutschordenskommende Lucklum.** Das Rittergut mit seiner historischen Ordenskirche erinnert an die Tradition des geistlichen Ritterordens – eine christliche Männergemeinschaft zur Zeit der Kreuzzüge, in der religiöse und militärische Aufgaben zusammenfielen. Der Deutsche Ritterorden wurde Ende des 12. Jahrhunderts im Heiligen Land

Wurde um 1550 evangelisch:
Die mittelalterliche Klosteranlage

ins Leben gerufen. Wenige Jahrzehnte später fassten die Ordensritter dann auch in welfischen Landen Fuß, sie kauften den Ort Lucklum auf und richteten sich dort ein. Der Vorsteher dieser Rittergemeinschaft nannte sich jedoch nicht Abt, sondern Komtur. Die Kommende Lucklum wurde im Verlauf der Reformation unter evangelischen Vorzeichen weitergeführt, der letzte katholische Komtur Burchard von Pappenheim residierte dort bis etwa 1550. Später diente das Gut Lucklum als Wohnsitz zur standesgemäßen Versorgung adliger alleinstehender Männer. Die mittelalterliche Klosteranlage wurde im barocken Stil repräsentativ überbaut. Die Gemälde im Lucklumer Rittersaal bezeugen den Stolz und das Standesbewusstsein der Ordensobrigkeit wie der Landesfürsten. In der Ordenskirche finden sich wenige Spuren aus der frühen Phase der Reformation, ihre Ausstattung stammt aus der Zeit um 1700.

Wer in der waldreichen Landschaft dem Emblem des Braunschweiger Jakobswegs folgt – der stilisierten gelben Pilgermuschel auf blauem Grund –, erreicht in Lucklum einen neuen Knotenpunkt der Pilgertour. Neu ist auch das Pilgerbüro auf dieser Etappe. Ein Abschnitt des Braunschweiger Jakobswegs führt vom Kaiserdom in Königslutter über Lucklum rund 25 Kilometer westwärts bis nach Riddagshausen. ➔ *Angebote und Informationen unter www.braunschweiger-jakobsweg.de*

ELIS
REFO

ANT·CORVINUS·PRIMUS
SUPERINTENDENS·DUCATUS
CALENBERG·GOETTINGᴇᴺ

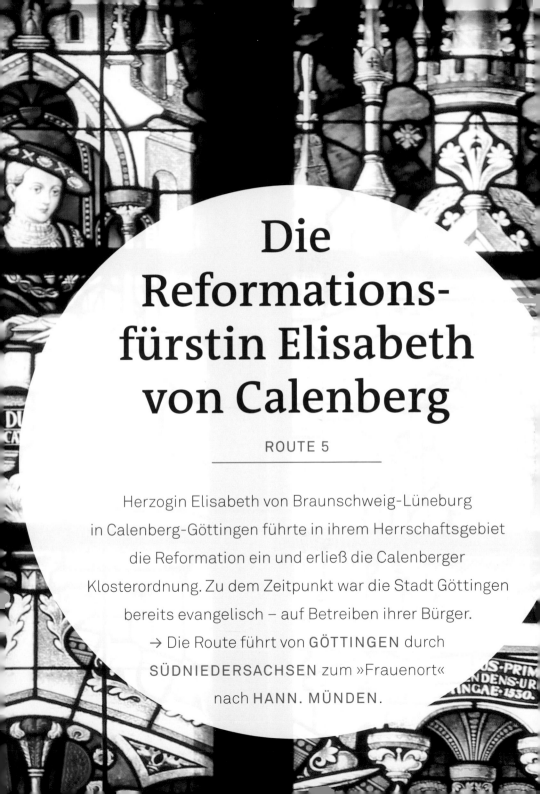

Die Reformations-fürstin Elisabeth von Calenberg

ROUTE 5

Herzogin Elisabeth von Braunschweig-Lüneburg in Calenberg-Göttingen führte in ihrem Herrschaftsgebiet die Reformation ein und erließ die Calenberger Klosterordnung. Zu dem Zeitpunkt war die Stadt Göttingen bereits evangelisch – auf Betreiben ihrer Bürger. → Die Route führt von GÖTTINGEN durch SÜDNIEDERSACHSEN zum »Frauenort« nach HANN. MÜNDEN.

»Wie Maria aufbrechen

eilen über Berge zum Du

den Gruß weitergeben

die Freude hüpfen sehen

selber Lobgesang sein«

Sr. Reinhild von Bibra, Kloster Wülfinghausen, 1993

Göttingen

In **Göttingen** kam die Reformation auf der Straße in Fahrt – und ließ sich nicht mehr bremsen. Die Aufmärsche mit Luther-Liedern und Gegengesängen in der Göttinger Innenstadt waren erbitterte Bekenntnisdemonstrationen, ähnlich vielleicht wie die zeitgenössischen Demos gegen Atomkraft oder für fairen Handel. Die Parteien begegneten einander mit Hohn und Spott. Denn auf dem Spiel stand das eigene Seelenheil und dazu kam der Wunsch nach politischer Mitsprache, beides war in diesen Zeiten des Aufbruchs nicht voneinander zu trennen. Kriege, Seuchen und Hungersnöte gehörten im 16. Jahrhundert zum Alltag, die Kindersterblichkeit war hoch und der Tod all-

gegenwärtig – Halt suchten die Menschen in der Kirche, doch deren Autorität war ins Wanken geraten. Soziale Spannungen sorgten für Unruhe, reformatorische Schriften fanden schnell Verbreitung. Göttingen war – ähnlich wie Braunschweig und andere Städte im Norden – vom Landesherrn weitgehend unabhängig. Der altgläubige Erich I. von Calenberg-Göttingen residierte andernorts, war aber ständig in Geldnot, und auch die Kasse der Handels- und Tuchmacherstadt Göttingen war Anfang des 16. Jahrhunderts weitgehend leer.

Goldener Glanz: Die Strahlenkranzmadonna im Städtischen Museum Göttingen

Hier schallten Protestgesänge:
Die Göttinger Altstadt aus der Luft

Sozialer Brennpunkt: Im Göttinger
Nikolaiviertel trafen sich die Anhänger
der Reformation

Kampflied, zum Gassenhauer und zugleich zur Hymne der Reformation. Allein dieser »Sängerwettstreit« zeigt, welche Kraft die Lieder der Reformation und die ersten Gemeindegesänge für den evangelischen Glauben entwickeln sollten – die Reformation in den Straßen von Göttingen fand einen eigenen Sound. Denn mit dem Buchdruck kamen erste Liederzettel mit deutschsprachigen Texten auf, die Menschen konnten einstimmen und mitsingen. Bis heute spielen Kirchenlieder im evangelischen Gottesdienst eine zentrale Rolle. »Wer singt, betet doppelt« – das wusste schon Kirchenvater Augustinus, und für Martin Luther war das Kirchenlied ein »Gottesgeschenk«. Bis heute versteht sich die evangelische Kirche als singende Kirche.

Es brodelte allerorten. Um 1525 kamen vermutlich einige Anhänger des reformatorischen Priesters und Sozialrevolutionärs Thomas Müntzer in die Stadt, evangelisch engagierte Geistliche hingegen traten kaum in Erscheinung. Göttingen hatte keinen eigenen Reformator – es waren die Bürger, die Handwerker und unter ihnen vor allem die »neuen Wollenweber«, die Textilarbeiter aus Flandern, die die Reformation voranbrachten. Erste öffentliche Proteste gab es Ende Mai 1529 zur traditionellen Fronleichnamsprozession der Altgläubigen, dann überstürzten sich die Ereignisse.

Am 24. August 1529, am Tag des heiligen Bartholomäus, kam es erneut zu Demonstrationen mit lautstarken Gesängen: In der **Groner Straße** sangen die Handwerker mit Luther-Chorälen gegen die Bußprozession der Altgläubigen an. Mit dem 130. Psalm »Aus tiefer Not schrei ich zu dir« überstimmten sie die Gesänge der anderen, der Choral wurde zum

Mit ihren Protestgesängen gehörten die Göttinger neuen Wollenweber seinerzeit zu den Pionieren dieser singenden Kirche. Diese Textilarbeiter wohnten vor allem in einem Viertel am Leinekanal, in der Nähe der Nikolaikirche. Die Nikolaistraße führt direkt zur Groner Straße. An dieser Ecke schiebt sich heute der Busverkehr durch die ansonsten verkehrsberuhigte Göttinger Innenstadt mit ihren Fußgängerzonen. In der mittelalterlichen **Nikolaikirche** haben sich kaum Zeugnisse aus der Reformationszeit erhalten, sie wurde im Innern komplett umgebaut und ist seit dem 19. Jahrhundert Universitätskirche. Inzwischen wird die Kirche von der evangelischen und der katholischen Studentengemeinde genutzt, man feiert dort auch gemeinsam Gottesdienst – und trägt auf diese Weise das Erbe der Reformation ins 21. Jahrhundert.

Ein Treffpunkt für Studenten und Touristen:
Der Gänselieselbrunnen vor dem Rathaus

Wahrzeichen der Universitätsstadt. Jeder frisch gebackene Doktor hat das Recht, das Gänseliesel zu küssen. Die alte Ratsstube mit ihrer historischen Ausmalung aus dem 19. Jahrhundert wird als Trauzimmer genutzt.

In der zentralen **Ratskirche St. Johannis** wurde Palmsonntag, am 10. April 1530, die neue Göttinger Kirchenordnung verkündet – verfasst von Reformator Johannes Bugenhagen. Kurz darauf setzte man Johannes Sutel als ersten Superintendenten in Göttingen ein. Die mittelalterliche Kirche St. Johannis wurde bereits Mitte des 16. Jahrhunderts umgestaltet: Man entfernte sämtliche Ausstattungsstücke aus vorreformatorischer Zeit, dazu gehörten auch die zahlreichen Altäre zur Anbetung der Heiligen. Die vielen Altarschnitzer, die zuvor gut an den frommen Stiftungen altgläubiger Bürger verdient hatten, mussten sich nun einen neuen Job suchen. Die Handwerkergilden hingegen wurden politisch gestärkt. In der Kirche **St. Marien** in der Nähe vom Groner Tor findet sich an einem Schlussstein noch das historische Zunftzeichen der Tuchmacher.
➔ *täglich geöffnet von 9 bis 18 Uhr*

Die **Jacobikirche** am anderen Ende der Innenstadt diente im Mittelalter den Pilgern auf dem Jakobsweg als Anlaufstelle. Die ehemalige Burgkapelle wurde im 14. Jahrhundert zu einer gotischen Hallenkirche umgebaut. Ihre charakteristische Innenausmalung erhielt sie im Rahmen der Restaurierung 1999 wieder zurück, die geometrischen Formen in Weiß, Grau und Rot stammen aus der Zeit um 1480. Der prachtvoll gestaltete Flügelaltar von 1402 dokumentiert, wie reich und selbstbewusst die Göttinger Bürger und Zünfte bereits mehr als ein Jahrhundert vor Einführung der Reforma-

An vielen Fachwerkfassaden in der Innenstadt finden sich auch in Göttingen Inschriften überzeugter Lutheraner, wie ein Netzwerk überziehen sie die Stadtbilder im heutigen Niedersachsen zwischen Weser, Leine und Elbe – als frühe Glaubensbekenntnisse selbstbewusster Stadtbürger. In Göttingens Innenstadt kam es zu dramatischen Szenen: Auf dem **Marktplatz** vor dem Rathaus wurde ein Scheiterhaufen aufgetürmt, ein Bildersturm entbrannte, der altgläubige Rat verschanzte sich in der Ratsstube, um sich vor der aufgebrachten Menge zu schützen. Heute treffen sich hier gern Touristen und Studenten. Denn auf dem Marktplatz steht seit mehr als einem Jahrhundert der **Gänselieselbrunnen** – das

tion waren; 1387 hatten sie den Herzog gewaltsam aus der Stadt vertrieben. Ist der Flügelaltar geöffnet, zeigt sich im Mittelschrein, dass die gekrönte Maria ihren Platz neben dem segnenden Christus hat – ein Zeichen dafür, dass die Marienfrömmigkeit im 15. Jahrhundert eine zentrale Rolle spielte. Diese Tradition wurde mit der Reformation zwar stark zurückgedrängt, jedoch nicht gänzlich verworfen, was vielerorts sichtbar wird. Taufstein und Taufschale stammen aus der Mitte des 17. Jahrhunderts.

In der Jacobikirche erinnern die Fenster im südlichen Seitenschiff, die um 1900 eingesetzt wurden, an die zentralen Ereignisse der Reformation. Dargestellt sind zwei Schlüsselszenen: die Störung der Prozession der Altgläubigen durch die Gesänge der lutherischen neuen Wollenweber sowie die Verlesung der Göttinger Kirchenordnung – ein Zeugnis historistischer Selbstvergewisserung im deutschen Kaiserreich. An der Nordseite kamen Ende des 20. Jahrhunderts fünf moderne Farbfenster nach den Entwürfen von Johannes Schreiter dazu, sie nehmen den 22. Psalm auf und tauchen das Gotteshaus mit ihren Farben, Formen und Linien in ein Licht zeitgenössischer Spiritualität. Zur Jacobikirche führt auch der neue Stadtpilgerweg, der aus Anlass des Reformationsjahrs 2017 nun die vielen Glaubensspuren in der Universitätsstadt nachzeichnet.

→ *St. Jacobikirche täglich von 11 bis 15 Uhr, im Sommer bis 16 Uhr geöffnet, an Wochenenden bis 18 Uhr: www.jacobikirche.de. Informationen auch unter www.kirchenkreis-goettingen.de*

Schlüsselszenen der Reformation:
Das Fenster der St. Jacobikirche aus
der Zeit um 1900

Einst das größte Gotteshaus der Stadt:
Die Paulinerkirche

In der **Paulinerkirche**, dem größten Kirchen-
bau der Stadt, hielt der Pfarrer Friedrich Hü-
venthal im Oktober 1529 die erste evangelische Predigt – sehr zum Ärger der dort ansäs-
sigen Dominikanermönche, die den wüten-
den Luther-Anhängern ihr Kloster öffnen
mussten. In der Paulinerkirche wurden auch
die ersten Kinder evangelisch getauft. Nach
Einführung der Reformation im gesamten
Fürstentum Calenberg-Göttingen gründete
Herzogin Elisabeth von Calenberg auf dem
Klosterareal das Göttinger Pädagogium, das
zur Keimzelle der heutigen Universität wurde.

Die Georg-August-Universität wurde 1737 fei-
erlich eröffnet. In der ehemaligen Klosterkirche brachte man später die Universitäts-
bibliothek unter. Heute beherbergt sie einen
sehenswerten Ausstellungs- und Veranstaltungssaal sowie Teile der Sammlung histo-
rischer Handschriften und Drucke der Niedersächsischen Staats- und Universitätsbiblio-
thek Göttingen. Aus den Mauerteilen des ehemaligen Klosters entstand im 18. Jahrhundert
das angrenzende Kollegienhaus, über den zentralen Eingang am Papendiek lässt sich auch
der Veranstaltungssaal in der ehemaligen Paulinerkirche erreichen (➜ *Bibliothek dienstags
bis sonntags von 11 bis 18 Uhr geöffnet; Informationen unter hg-info@sub.uni-goettingen.de*).
Die Göttinger Universität ist die älteste noch
existierende Universität in Niedersachsen, in
ihr ging auch die Fakultät für evangelische
Theologie der Helmstedter Alma Mater auf:
Das Juleum wurde 1810 zugunsten der Georg-
August-Universität Göttingen geschlossen.

Informationen zur Geschichte Göttingens bietet das **Städtische Museum** am Ritterplan. Die
Sammlung ist in einem repräsentativen Renais-
sancegebäude der Reformationszeit untergebracht. Zu sehen ist auch eine Ausstellung
kirchlicher Kunst, sie umfasst unter anderem
Altäre, Heiligenfiguren und Mariendarstellun-
gen – viele von ihnen überstanden die reforma-

Haus mit Geschichte: Das Städtische
Museum am Ritterplan

Hann. Münden

Modern betrachtet: Elisabeth von Calenberg als Kunst am Bau im von »Architekten Prof. Klaus Sill + Assoziierte GmbH« entworfenen Kulturwissenschaftlichen Zentrum der Universität Göttingen

Etwa 30 Kilometer südwestlich von Göttingen, am Zusammenfluss von Werra und Fulda, liegt ein besonderes »Kraftzentrum« der Reformation. Denn in **Hann. Münden**, der südlichsten Stadt im heutigen Niedersachsen, übernahm eine bemerkenswerte Frau die Landespolitik und führte 1542 mithilfe von Antonius Corvinus die Reformation in ihrem Herrschaftsgebiet ein. Die Witwe des altgläubigen Landesfürsten Erich I. war eine glühende Anhängerin der Lehre Luthers.

torischen Umbruchzeiten weitgehend unbehelligt. »Bis in die jüngste Forschung ist man bestrebt, programmatische Neuerungen der lutherischen Kirchenausstattung zu erkennen, übersieht dabei aber häufig die Weiternutzung und Bewahrung des Vorhandenen, vor allem auch die historisch-antiquarische Auseinandersetzung mit Kirchenausstattungen aus altgläubiger Zeit durch protestantische Gelehrte im 17. und 18. Jahrhundert«, schreibt der Kunsthistoriker Arwed Arnulf. Auch daran wird deutlich: Die Reformation hat viele Formen des Übergangs hervorgebracht, Transformationen, die alte und neue Glaubensformen miteinander versöhnen. Im »Raum der Religionen« gibt es Auskünfte zu den drei großen Weltreligionen Judentum, Christentum und Islam.
↪ *www.museum.goettingen.de*

Als Herzogin Elisabeth von Calenberg 1540 in Vormundschaft für ihren Sohn Erich II. sechs Jahre lang die Regierungsgeschäfte im Herzogtum Göttingen-Calenberg führte, hatte sie sich bereits machtpolitisch geschickt in Stellung gebracht. Nach einer schweren Ehekrise ließ sie sich von ihrem 40 Jahre älteren, altgläubigen Gatten Erich I. das gesamte Fürstentum Göttingen mit der Residenz Münden übertragen – das war weit mehr, als ihr laut Ehevertrag zustand. Das Ehepaar lebte meist getrennt. Elisabeth bezog bereits 1525 ihr **Residenzschloss.** Sie lebte hier fast 30 Jahre lang und verhalf der Stadt in landschaftlich reizvoller Lage zu Glanz und Einfluss. 1538 nahm sie in der Schlosskapelle das Abendmahl in beiderlei Gestalt – als Bekenntnis zum Protestantismus, während Erich I. zeitlebens altgläubig blieb, sich aber für religiöse Fragen kaum interessierte. So gesehen, führte das Fürstenpaar die erste gemischtkonfessionelle Ehe.

Herzögliche Gemächer:
Das Residenzschloss der Welfen
in Hann. Münden

Elisabeth von Calenberg kannte Martin Luther persönlich, sie war ihm bei einem Besuch bei ihrer Mutter begegnet. Als sie an die Macht kam, war sie zudem bestens vernetzt in Bürgertum und Adel. Den Reformator Antonius Corvinus holte sie aus dem benachbarten Witzenhausen auf hessischem Gebiet an ihren Hof nach Münden und machte ihn zum Superintendenten des Fürstentums – mit Dienstsitz in Pattensen (Route 6). Für die Kirchenordnung in ihrem Herrschaftsgebiet verfasste sie sogar selbst das Vorwort und sorgte mit ihrer Klosterordnung von 1542 dafür, dass die Calenberger Frauenklöster nicht aufgelöst wurden, sondern in protestantischem Sinn weitergeführt werden konnten – bis heute (mehr dazu im Exkurs, S. 108). Die Regierungschefin war äußerst belesen; sie schrieb mehrere Bücher, unter anderem ein Regierungshandbuch für ihren Sohn, der ihre Ratschläge jedoch kaum beherzigte und sogar wieder zum katholischen Glauben übertrat. Zudem verfasste sie ein »Witwentrostbuch« und schrieb auch Kirchenlieder und Gedichte.

Münden hat dieses Erbe wieder entdeckt. Die kleine Stadt am Südzipfel Niedersachsens gehört inzwischen zum länderübergreifenden Netzwerkprojekt »Frauenorte« und bietet spezielle Führungen auf den Spuren der Herzogin an. *Schlossbesuch auf Anfrage, Informationen unter www.hann.muenden-tourismus.de*

Elisabeth – die Reformationsfürstin der Herzen: Der Rundgang durch die **Altstadt** erinnert an die Durchsetzungskraft der Regentin in den wenigen Jahren ihrer Herrschaft bis 1546. Die Fassaden der Bürgerhäuser und das prächtige **Rathaus** im Stil der Weserrenaissance haben ihren historischen Charme bis heute weitgehend bewahrt. In der mittelalterlichen **St. Blasius-Kirche** liegt Herzog Erich I. begraben. Im Altarraum ist ein Epitaph aus Jurakalkstein angebracht, auf dem neben dem Herzogpaar auch die erste Frau Erichs I. zu sehen ist. Im Innern der St. Blasiuskirche finden sich zahlreiche weitere Zeugnisse aus der Zeit der Reformation – besonders beeindruckend ist das Grabdenkmal des Mediziners Burkhard Mithoff, er war ein Studienkollege von Corvinus und gehörte zu den Unterstützern der Reformation in der Residenzstadt Münden. Auf diesem repräsentativen Epitaph verbinden sich Standesbewusstsein und reformatorischer Glaube zu einem neuen bürgerlichen Selbstverständnis. Der Flügelaltar von 1530 stammt aus der 2006 entwidmeten Aegidienkirche und die Sandsteinkanzel von 1493 erhielt mit der Reformation eine neue Bemalung – mit den Porträts von Luther und Melanchthon. ➔ *Kirche vom 1. Mai bis zum Erntedankfest täglich von 11 bis 17 Uhr geöffnet; www.stadtkirche-muenden.de*

Gedenken in der St. Blasius-Kirche: Epitaph mit Erich I. und seiner Gemahlin Elisabeth von Calenberg

Dass Elisabeth von Calenberg mit ihrer Politik gegen die welfische Verwandtschaft von Braunschweig-Wolfenbüttel eine Niederlage erlitt und ihre Residenz in Münden ab 1553 räumen musste, konnte sie nur schwer verwinden. Müde und enttäuscht starb sie 1558 im thüringischen Ilmenau, sie wurde nicht einmal 50 Jahre alt. Trost suchte die Lutheranerin beim Verfassen eigener Verse: »Ich hab regieret, wie man soll. Wer dankbar ist, erkennt das wohl. Die Diener des Wortes hab ich wert, wie mir es die göttliche Güte beschert.«

Die Calenberger Klöster

Das Erbe verpflichtet. In den fünf **Calenberger Klöstern** zwischen Deister und Leine – in Barsinghausen, Mariensee, Marienwerder, Wennigsen und Wülfinghausen – setzen Frauenkonvente die Tradition klösterlichen Lebens im evangelischen Sinn fort und geben in den »durchbeteten Räumen« heute neue Glaubensimpulse im Zeichen protestantischer Vielfalt. Man sollte sich Zeit nehmen für den Besuch und eintauchen in die jeweilige Tradition dieser Klöster.

Offenbar lag es an der Umsicht von Elisabeth von Calenberg, dass die Klöster in ihrem Herrschaftsgebiet weniger Widerstand gegen die Einführung der Lehre Luthers leisteten als andernorts. Dennoch kam es bisweilen zu Drohungen, wenn der Reformator Antonius Corvinus die Klöster besuchte, um zu kontrollieren, ob die neuen Regeln auch eingehalten wurden. Denn die ehrgeizige Reformationsfürstin hatte für die Neujustierung eine Art Fünf-Punkte-Plan aufgestellt. Dazu gehörten 1. die verbindliche Teilnahme der Klosterfrauen am Gottesdienst, 2. die Anerkennung der reinen Lehre des Evangeliums, 3. das Abendmahl in beiderlei Gestalt, 4. der Unterricht für Kinder und 5. die Erlaubnis, das Kloster zu verlassen. Diese Regeln gelten nach wie vor, auch wenn die evangelischen Frauenklöster sie modifiziert und auf diese Weise eigene Ordnungen und Profile entwickelt haben. Die Konven-

Oase im Grünen:
Kloster auf Zeit in Wülfinghausen

»ora et labora« (bete und arbeite). Im Zentrum ihrer Arbeit stehen Seelsorge und geistliche Begleitung. Viele Gäste, auch junge, berufstätige Frauen, schätzen die unterschiedlichen Angebote und die Abgeschiedenheit im »Kloster auf Zeit«. Ein paar Tage »offline« – oder auch nur während der öffentlichen Gebetszeiten dreimal täglich um 8, 12 und 18 Uhr in der Krypta der mittelalterlichen Klosterkirche Wülfinghausen (→ *www.kloster-wuelfinghausen.de*). Die romanische Marienfigur in der Krypta erinnert auch hier an die Tradition der Marienverehrung. Das Taufbecken stammt aus der Zeit um 1500, die Epitaphe und Grabplatten aus dem 16. Jahrhundert künden vom Tod – und weisen auf familiäre Bande der Konventualinnen hin. Heute engagiert sich der evangelische Konvent für die Ökumene.

tualinnen öffnen regelmäßig ihre Häuser, bieten Glaubenskurse und Einkehrtage an, engagieren sich in ihren Gemeinden und in den Schulen vor Ort und bieten regelmäßig Führungen durch die historischen Kreuzgänge, Kapellen und Klosterkirchen an. Lebendige Orte des Glaubens, deren Fundamente ins Mittelalter zurückreichen – die fünf Calenberger und sechs Lüneburger Frauenklöster werden von der Klosterkammer Hannover verwaltet. → *mehr zu den Lüneburger Klöstern im Exkurs, S. 150*

Fluchtorte im Grünen. Die Tür zur Klosterkirche steht weit offen, schon sind erste Harfenklänge zu hören – Zeit für das Mittagsgebet. Beim gemeinsamen Mittagessen im Anschluss schweigen die Frauen. Im **Kloster Wülfinghausen** in der Nähe von Springe leben die Schwestern in der Tradition der evangelischen Räte, sie tragen Tracht und verpflichten sich zu Gütergemeinschaft, Ehelosigkeit und Gehorsam im klösterlichen Rhythmus von

Seelsorge und Begleitung: Der Kreuzgang im Kloster Wülfinghausen

◄
Zeit für Stille: Die Krypta im Kloster Wülfinghausen

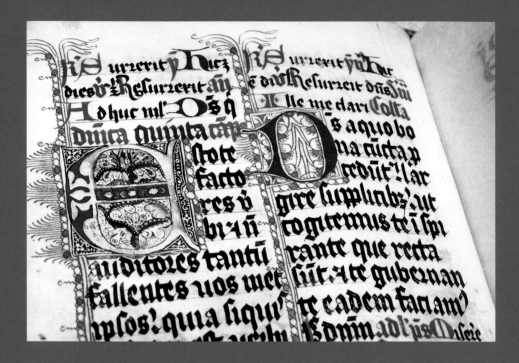

Reform und Reformation: Das Gebetbuch
der Äbtissin Odilie von Ahlden von 1522

Das **Kloster Barsinghausen** ist das älteste der Calenberger Klöster, es wurde 1193 gegründet. Die Schwesterngemeinschaft lebt ebenfalls nach den evangelischen Räten und lädt unter anderem zu öffentlichen Stundengebeten und Gottesdiensten ein.

Im **Kloster Mariensee** öffnen die Konventualinnen ihre historischen Klosterräume regelmäßig für die Werke moderner Künstlerinnen, es gibt hier Lesungen, Vorträge und Konzerte – ein Ort der Begegnung und des Gebets. Aus dem Mittelalter erhalten ist nur noch die Stifts-kirche, das Konventsgebäude stammt aus dem 18. Jahrhundert. Im Klostermuseum wird die Geschichte der Frauenklöster in Norddeutsch-land dokumentiert, zu den Prunkstücken zählt das Gebetbuch der Äbtissin Odilie von Ahlden von 1522. Seit 2017 gehört das Kloster Mariensee zu den »Frauenorten« in Niedersachsen. ⊙ *www.kloster-mariensee.de*

Im **Kloster Marienwerder** steht der diakonische Dienst im Zentrum der Arbeit, hier werden die pflegebedürftigen Schwestern versorgt. Bete und arbeite – nach der alten Klosterregel sind Konventualinnen auch außerhalb der Klostermauern aktiv, etwa in der Gemeindearbeit des relativ jungen Stadtteils Marienwerder bei Hannover.

Im **Kloster Wennigsen** am Deister hat sich jüngst eine moderne Frauengemeinschaft gegründet, ein Pionierprojekt weiblicher Spiritualität im 21. Jahrhundert in einer Balance aus Freiheit und Verbindlichkeit. Nicht alle Frauen leben hier gemeinsam in den historischen Klosterräumen. Sie kommen aus verschiedenen Teilen Deutschlands, einige sind Singles, andere haben Familie, fast alle sind berufstätig. Doch regelmäßig alle zwei Monate kommen sie im Kloster Wennigsen zum Konventstreffen zusammen – zum Innehalten und zur gemeinsamen Arbeit für das Kloster. Eine intensive Zeit, die ihnen Kraft gibt für ihren Alltag. Im Westflügel des Klosters wurde vor einigen Jahren ein moderner Meditationsraum eingerichtet, regelmäßig werden auch Kurse und Einkehrtage für Gäste angeboten. Im Zentrum steht das »Herzensgebet« – in der christlichen Tradition der »via cordis«.

➔ *Informationen zu den einzelnen Klöstern unter www.klosterkammer.de*

Meditation und Gebet:
Im Kloster Wennigsen hat sich eine moderne
Frauengemeinschaft gegründet

Magister Antonius Corvinus

ROUTE 6

Im Fürstentum Calenberg führte Antonius Corvinus
die Reformation ein. An seinem Dienstsitz Pattensen
arbeitete er die Kirchenordnung aus, hier berief er
die erste Reformationssynode ein und wurde später
auf der Feste Calenberg inhaftiert. Corvinus liegt
in Hannover begraben. Ob er als junger Mönch im
Zisterzienserkloster Loccum war, ist nicht gesichert.

→ Diese Route führt von der Leinestadt
HANNOVER über PATTENSEN
zum Kloster LOCCUM.

»Der Mensch musste sich entscheiden.

Und er musste sich entscheiden.

Und er musste sich entscheiden,

nicht weil er sich entscheiden musste,

sondern gerade weil es

an sich gleichgültig war,

ob er sich entschied und wie er sich entschied.«

Kurt Schwitters: Auguste Bolte, 1923

Hannover

In **Hannover** begann die Reformation mit einer Art »Rütlischwur« des Nordens, so jedenfalls ist es im **Neuen Rathaus** auf dem monumentalen Wandgemälde im **Hodler-Saal** dargestellt. Der Schweizer Künstler Ferdinand Hodler, ein Zeitgenosse des berühmten hannoverschen Dadaisten Kurt Schwitters, stattete den Prunkraum des historischen Baus von 1913 mit einem Motiv aus, das damals schon fast vier Jahrhunderte zurücklag: das Wandbild »Einmütigkeit« erinnert an die Einführung der Reformation 1533 in Hannover. Die »evangelischen Brüder« der Leinestadt strecken einträchtig ihre Arme zum Himmel empor und geloben, der Lehre Luthers treu zu bleiben – in Opposition zum Rat der Stadt, der sich weiterhin dem alten Glauben verbunden fühlte. Das 15 × 5 Meter große Historienbild ist eine Mischung aus Jugendstil, Symbolismus und Expressionismus, Kunsthistoriker sprechen auch von einem »linearen Stil«: Kraftvolle Männer, dargestellt in kräftigen Farben, schließen sich unverbrüchlich zusammen, auf einem Podest direkt über der Saaltür steht breitbeinig ihr Wortführer Dietrich Arnsborg, »Worthalter« der sogenannten »Meinheit«, der damaligen Bürgeropposition. Ihre Botschaft klingt nach wie vor aktuell: Einigkeit macht stark. Der Rat, der mit dem altgläubigen Landesherrn Herzog Erich I. von Calenberg-Göttingen und der Geistlichkeit eng verbunden war, floh ins katholische Hildesheim, es kam zu Neuwahlen. Drei Jahre

Im Schwur vereint:
»Einmütigkeit« von Ferdinand Hodler
im Sitzungssaal des Neuen Rathauses
(nur bedingt zugänglich)

Landeshauptstadt im Grünen:
In Hannover sorgte die Reformation
für Turbulenzen

später wurde in Hannover die Kirchenordnung von Urbanus Rhegius eingeführt, zuvor hatte er als Generalsuperintendent bereits im benachbarten Herzogtum Braunschweig-Lüneburg die Reformation besiegelt.

»[...] die Idee der Einheit, die Hodlers Kunst vermittelt, ist keine staatliche Erscheinung. Sie ist verbunden mit den geschichtlichen Erfahrungen und mit Bewegung auf ein Ziel hin. Die Reformation war eine solche geschichtliche Erfahrung, die diese Stadt in Bewegung gebracht hat auf das eine Ziel, das Reich Gottes hin«, schreibt der ehemalige hannoversche Stadtsuperintendent Hans-Werner Dannowski über Hodlers Werk.

Rechts und links auf dem Bild sind das Alte Rathaus und die Marktkirche dargestellt, Politik und Glaubensfragen waren damals eng miteinander verbunden. So kamen auch in Hannover verschiedene Faktoren zusammen, die der neuen Lehre Luthers Aufschwung gaben und den Prozess der Reformation beschleunigten: soziale Spannungen, städtische Autonomiebestrebungen und die Einflüsse des Humanismus. Wie in vielen anderen Städten gab es auch in Hannover eine Reformation »von unten«. Um 1500 herum war die Leinestadt mit ihren rund 5 000 Einwohnern weitgehend unabhängig von ihrem Landesfürsten. Das betraf auch die Kirchenpolitik, die Bürgerschaft konnte ihre Interessen meist durchsetzen. Aus Angst um das Seelenheil wuchs die Spendenbereitschaft für Arme und Bedürftige, Ablass und Almosenwesen sorgten immerhin für eine gewisse soziale Balance. So gesehen, lief an der Leine zunächst vieles ruhig und einigermaßen einvernehmlich. Ein Stadtmodell im Rathaussaal veranschaulicht in etwa die Ausmaße Hannovers, dessen drei Altstadtkirchen – St. Aegidien, Kreuzkirche und Marktkirche – das Stadtbild bis heute prägen.

An der Fassade über dem Eingang des Neuen Rathauses finden sich zwei Geschichtsfriese, die auf regionale Verbindungen der Stadt hinweisen. Links oben ist eine Szene aus den mittelalterlichen Heiligenlegenden um Bischof Bernward von Hildesheim dargestellt: Er soll ein Mädchen aus Hannover von seiner Blindheit geheilt haben, voller Dankbarkeit kniet die junge Hannoveranerin an seinem Grab. Auf der rechten Seite ist Welfenherzog Ernst der Bekenner von Braunschweig-Lüneburg abgebildet, wie er das Abendmahl nach der Lehre Luthers in beiderlei Gestalt empfängt. Dieses Motiv ließe sich auch als Symbol für das protestantische Selbstverständnis der Stadt deuten und als Erinnerung daran, dass das Herrschaftsgebiet des ersten evangelischen Welfenfürsten damals bis vor die Tore Hannovers reichte.

Bürgerrecht nur für Lutheraner:
In Hannovers Altstadt blieb man lange
unter sich

Am Puls der Zeit: Die Sonnenuhr
von 1555 an der Marktkirche

Vom Neuen Rathaus, das Spötter gelegentlich gern auch als »wilhelminische Prachtkommode« bezeichnen, sind es nur wenige Schritte bis zur historischen **Altstadt** – dem Originalschauplatz jener Zeit am Marktplatz zwischen Altem Rathaus und der hannoverschen Bürgerkirche. Damals stand hier auch das traditionsreiche Ratsgymnasium, ein »Hort des Humanismus« zur Vorbereitung auf kirchliche und weltliche Karrieren. Die **Marktkirche** mit ihrem hohen Turm bezeugt bis heute den Bürgersinn der Hannoveraner, wer die 350 Stufen hinaufsteigen möchte, sollte auf jeden Fall schwindelfrei sein. Die Marktkirche ist das älteste Gotteshaus der Stadt und noch immer ihr Wahrzeichen am Rand der Einkaufscity.

Im Herzen der Stadt:
Marktkirche und Neues Rathaus
in Hannover

Vom Sockel geholt: Das Luther-Denkmal
von 1900 vor der Marktkirche

Das Gotteshaus wurde in dieser Form im
14. Jahrhundert erbaut und gilt als das süd-
lichste Bauwerk der norddeutschen Backstein-
gotik. Im Innern gab es einst zwölf Altäre, doch
mit Einführung der Reformation wurde das
Gotteshaus dann zur lutherischen Predigtkirche umgestaltet, die Altäre mussten weichen.
Zahlreiche Epitaphe und Grabplatten hanno-
verscher Honoratioren aus dem 16. Jahrhundert finden sich nun im Kirchenschiff, darunter auch die Grabplatte von Eberhard von
Berckhusen, dem Sohn des ersten protestantischen Bürgermeisters der Stadt.

Die beiden kunstvoll gegossenen Taufbecken
aus der Zeit um 1500 stammen vermutlich aus
einer Hildesheimer Werkstatt. Der prachtvolle
spätmittelalterliche Sakramentsaltar aber blieb
auch nach der Reformation in der Marktkirche
stehen, wurde jedoch im 17. Jahrhundert in die
Aegidienkirche ausgelagert und gelangte an-
schließend in das heutige Niedersächsische
Landesmuseum in Hannover. Inzwischen ist
der Altar auf seinen Platz im Hauptchor zu-
rückgekehrt. Sein Bildprogramm wurde spe-
ziell für die Marktkirche konzipiert und erzählt
in 21 goldgrundierten Bildern die Leidensge-
schichte Christi, die beiden äußeren Flügel des
Wandelaltars gingen allerdings verloren. In der
Marktkirche liegt auch der Reformator Magis-
ter Antonius Corvinus begraben, der 1540 in
weiten Teilen des heutigen Niedersachsens die

Lehre Luthers eingeführt hat. Corvinus starb 1553 in Hannover, ihm ist eine Bronzetafel mit seinem Porträt gewidmet.

→ *Marktkirche täglich von 10 bis 18 Uhr geöffnet, regelmäßig Führungen zur Reformation; www.marktkirche-hannover.de*

Die Dienstherrin von Corvinus, Herzogin Elisabeth von Calenberg, schenkte der Marktkirche übrigens einen Kelch und eine vergoldete Patene. Das Original wird vom **Historischen Museum** am Hohen Ufer verwahrt. Dort finden sich auch weitere zentrale Stücke aus jener Zeit, in der neuen Dauerausstellung werden sie in einem eigenen Themenblock präsentiert. Auch das **Museum August Kestner** besitzt zahlreiche Exponate aus der Zeit um 1600, darunter Uhren, Schreibpulte oder Glashumpen. Im **Niedersächsischen Landesmuseum** finden sich zentrale Kunstwerke aus der Reformationszeit, darunter die Porträts

Verfasser der Calenberger
Kirchenordnung: Der Reformator
Antonius Corvinus

Geschenk der Herzogin:
Die vergoldete Patene von Elisabeth
von Calenberg

der berühmten Wittenberger – von Martin Luther und seiner Frau Katharina von Bora aus der Cranach-Werkstatt sowie von Philipp Melanchthon von Hans Holbein.

An den regionalen Reformator und Verfasser der Calenberger Kirchenordnung Antonius Corvinus erinnert ein unscheinbarer kleiner Weg in der historischen Altstadt. Der Corvinusweg zweigt von der Knochenhauerstraße ab, die zum Kreuzkirchenviertel führt. In der mittelalterlichen **Kreuzkirche** steht die älteste Altarplatte der Stadt aus der Zeit um 1400, sie ist bis heute im gottesdienstlichen Gebrauch der evangelischen Gemeinde. Zu den größten Kostbarkeiten gehört der Altaraufsatz von 1537 aus der Werkstatt von Lucas Cranach

Bis in Kleinste durchdacht:
Details aus dem Altarbild

▶

Ein Kunstschatz der Reformation:
Der Cranach-Altar in der Kreuzkirche
in Hannover

mit der Kreuzigungsszene im Zentrum. Dieser wertvolle Altar wurde ursprünglich für die evangelische Schlosskirche am Leineufer angeschafft, das ehemalige Leineschloss ist heute Sitz des Niedersächsischen Landtags in der Landeshauptstadt.

Am südlichen Ende der historischen Altstadt liegt die **Aegidienkirche,** auch dort hat Corvinus gepredigt. Die jüngste der drei Altstadtkirchen ist heute eine Ruine – als Mahnmal für die Opfer von Krieg und Gewalt. In den Nischen des Portals an der Westfront haben sich die beiden Steinfiguren von Martin Luther und Philipp Melanchthon aus der Renovierungsphase des 19. Jahrhunderts erhalten. Die beiden evangelischen »Heiligen der Reformation« bezeugen auf ihre Weise die protestantische Tradition der Leinestadt, ähnlich wie das wuchtige bronzene Lutherstandbild vor der Marktkirche. Inzwischen treffen sich übrigens Hannovers Katholiken vor dem Luther-Denkmal zur Fronleichnams-Prozession, die über ehemals evangelisches Terrain zur katholischen Kirche St. Clemens führt. Ein zeichenhafter Aufbruch der Ökumene, denn in Hannover blieben die Protestanten lange unter sich: Von 1588 bis 1806 erhielten in der Altstadt nur Lutheraner das Bürgerrecht, das ist längst Geschichte. Seit 1925 ist Hannover Sitz des Bischofs der Evangelisch-lutherischen Landeskirche Hannovers und seit 1949 auch Sitz der Evangelischen Kirche in Deutschland, der EKD mit ihren derzeit 20 Mitgliedskirchen. Als Standort des zentralen Kirchenamts ist die Leinestadt aber auch eine Art »Rom der Protestanten«.

Pattensen

Frühe Strukturen protestantischer Verwaltung finden sich in **Pattensen**, südlich von Hannover im Calenberger Land. In der **St. Lucaskirche** hatte der Reformator Antonius Corvinus von 1542 bis 1549 seinen Dienstsitz als Landessuperintendent, hier erließ er auch eine Visitationsordnung und berief am 18. Juli 1544 die erste Reformationssynode im Fürstentum Calenberg ein. Das brachte ihm jedoch nicht nur Ruhm ein, im Gegenteil. Als Erich II., der Sohn Elisabeths von Calenberg, in seinem Herrschaftsgebiet kurzzeitig den katholischen Glauben wieder einführte, ließ er Corvinus verhaften und für drei Jahre auf der **Feste Calenberg** in Beugehaft sperren. Die umfangreiche

Dienstsitz von Antonius Corvinus:
Die St. Lucaskirche in Pattensen

Bibliothek des Reformators wurde geplündert, Restbestände finden sich in der Leibniz-Bibliothek in Hannover. Die St. Lucaskirche in Pattensen wurde im Stil der Aufklärung umgebaut – in Form eines »Hörsaals«.

↪ *Kirche während der Sommerzeit sonntags bis freitags von 9 bis 18 Uhr geöffnet, Führungen auf Anfrage unter kg.lucas.pattensen@evlka.de; Ruinen der Feste Calenberg nicht öffentlich zugänglich*

Verwitterte Zeugnisse:
Ruinen der Feste Calenberg

Kloster Loccum

Gern wird berichtet, dass Antonius Corvinus als junger Mönch für kurze Zeit im **Kloster Loccum** gewesen sei. Gesichert ist dies aber nicht. Vermutlich stand er später als Reformator an der Pforte, wurde jedoch abgewiesen. Denn die Zisterziensermönche und ihre Äbte wehrten sich zunächst vehement gegen die Einführung der Reformation in ihrem Kloster, bevor sie sich der neuen Lehre anschlossen. Doch sie fanden einen eigenen Weg – und setzten die klösterliche Tradition der Zisterzienser nach evangelischem Glauben fort. Der Konvent besteht bis heute. Jeden Werktagabend um 18 Uhr wird im Hohen Chor der Stiftskirche nach klösterlichem Ritual eine Abendandacht als Stundengebet gefeiert – die Hora.

Abt im Übergang: Theodor Stracke führte die Reformation behutsam ein

Das Kloster Loccum rund 50 Kilometer westlich von Hannover hat sein mittelalterliches Bild weitgehend bewahrt und sich zugleich modernisiert. Seine Blüte erlebte das Zisterzienserkloster im 13. und 14. Jahrhundert. Damals gründeten die Mönche übrigens auch eine Dependance in Hannover, den »Loccumer Hof«, der über Jahrhunderte hinweg als Außenstelle des Klosters bestehen blieb. Heute sind in Hannovers Altstadt, unweit der Aegidienkirche, noch die Reste an der historischen Stadtmauer zu erkennen. Umso beeindruckender ist ein Besuch weit draußen im Kloster Loccum, in der Nähe des Steinhuder Meeres. Die Klosteranlage auf dem waldreichen Gebiet der alten Lucca-Burg ist von einem großen Klosterforst umgeben – eine Oase der Stille und Spiritualität, von hier aus

führt der Pilgerweg ins thüringische Volkenroda. Das Kloster Loccum beherbergt seit Anfang des 19. Jahrhunderts das Predigerseminar der Evangelisch-lutherischen Landeskirche Hannovers auf dem Klostergelände werden zudem Tagungen, Konzerte, Lesungen und Begegnungen veranstaltet.

Nach wie vor prägt der klösterliche Rhythmus von »ora et labora« – »bete und arbeite« – diesen abgelegenen Ort. Ältester Gebäudeteil im mittelalterlichen Kreuzgang ist der Kapitelsaal, der Versammlungsraum der betenden Mönche. Die Bestände der Klosterbibliothek reichen zurück bis in die Gründungszeit. Dar-

Seelenlandschaften:
Zeitgenössische Bilder des Künstlers
Hermann Buß in der Johanneskapelle

unter sind wertvolle Handschriften, Chroniken und Drucke, Papstsiegel und Urkunden, mit denen sich die Äbte vom Kaiser ihre Unabhängigkeit vom Landesherrn besiegeln ließen: 1530 wurde Loccum »Kaiserlich Freies Stift«, das hatte zugleich politische Dimensionen. Mit seinem forstwirtschaftlichen Besitz war das Kloster zudem ein wichtiger Wirtschaftsfaktor innerhalb der Region. In den alten Unterlagen des Klosters finden sich die Akten der Hexenprozesse, die im 16. und 17. Jahrhundert im Kloster Loccum durchgeführt wurden. In den umliegenden Dörfern war eine Zeit des Hexenwahns ausgebrochen, wie auch andernorts in ganz Europa. Hierzulande war die Hexenlehre gleichermaßen in katholischen wie evangelischen Regionen ver-

breitet, oft als willkommenes Mittel zur Denunziation. Zum Gedenken an die Opfer, meist waren es Frauen, wurde auf dem Klostergelände jüngst eine Gedenktafel aufgestellt. Eine »Chronik des Schreckens« in Zeiten des Umbruchs. Das Kloster Loccum übernahm dabei die Rolle der weltlichen Obrigkeit, nach Aktenlage sollen die evangelischen Äbte nicht an den Prozessen teilgenommen haben.

Der Übergang zur Reformation zog sich über mehrere Jahre hin, auch mit Zugeständnissen an die inzwischen protestantischen welfischen Landesherren. Als erster evangelischer Prediger im Jahr 1600 ist Abt Theodor Stracke in die Annalen eingegangen. Das Refektorium, der ehemalige Speisesaal der Mönche, erhielt seinen geradezu festlichen Charakter um 1599. Damals ließ man das Refektorium in spätgotischem Stil umbauen – mit schlanken, himmelwärts aufstrebenden Säulen; hier ist ein Teil der Bibliothek untergebracht. In der Johanneskapelle hat die zeitgenössische Kunst Einzug gehalten. Der ostfriesische Künstler Hermann Buß stattete die ehemalige Buß-kapelle 2013 mit großflächigen Landschafts-bildern aus, mit Motiven aus der Umgebung. Diese Bilder kommen ohne religiöse Symbole aus, zu sehen sind Menschen von heute, die dem Besucher den Rücken zukehren. Man könnte von »Seelenlandschaften« sprechen, die Fragen auslösen wollen, statt vorgefertigte Antworten zu geben. Ein Impuls zur Selbst-reflexion im 21. Jahrhundert.

Tradition und Aufbruch verbinden sich auch im Zentrum des Klosters: in der mittelalterli-chen Stiftskirche, die jüngst umfassend reno-viert wurde. Im Hohen Chor hat sich ein Teil des Chorgestühls erhalten, der sogenannte »Laienaltar« stammt aus der Zeit um 1500. Rund 100 Jahre später wurden die Altarflügel mit den Leidensszenen Jesu übermalt, damals fügte man auch die Einsetzungsworte auf La-tein hinzu – auf diese Weise wurde aus dem Heiligenaltar ein evangelischer Abendmahls-altar. Mit der Reformation öffnete sich das Kloster für die Gemeinde. Für die Klosterkir-che gab Abt Stracke deshalb auch eine Kanzel und den Taufstein in Auftrag, er steht heute im Eingangsbereich.

Viele Zeugnisse des Übergangs und der Über-lagerungen von altgläubigen und reformato-rischen Traditionen haben sich bewahrt: Kreuze, Reliquienschreine, Altäre, Gebete und Gesänge verweisen auch auf Kontinuitäten christlicher Glaubensformen innerhalb der Konfessionen. Zu den eindrucksvollsten Zeug-nissen der Gegenwartskunst gehört die Figu-rengruppe »Amplexus« (»Umarmung«) von

Sinnbild der Ökumene: Die Figurengruppe »Amplexus« von Werner Franzen

Werner Franzen, die der Künstler 1987 für den Altenberger Dom geschaffen hat. Ein Zweit-guss steht im Nordschiff der Klosterkirche Loccum: Christus beugt sich vom Kreuz herab und umarmt den berühmten mittelalterli-chen Zisterzienserabt Bernhard von Clairvaux, mit dem anderen Arm umfasst er den Refor-mator Martin Luther. Diese »ökumenische Umarmung« symbolisiert nicht nur die Ge-schichte des Klosters Loccum als evangeli-sches Erbe der Zisterzienser, sie könnte auch ein Signal für die Zukunft sein – 500 Jahre nach der Reformation.

Das Antikriegs-haus in Sievershausen

Krieg und Massensterben, Machtstreben und politische Kämpfe der Welfen untereinander – ein erschütterndes Zeugnis aus den bewegten Umbruchszeiten des 16. Jahrhunderts findet sich in der **Martinskirche** von Sievershausen, einem kleinen Ort zwischen Hannover und Braunschweig. In dem Raum unter dem Turm hängt ein großflächiges Wandgemälde, das den Krieg in all seiner Grausamkeit zeigt. Das überaus detailreiche Bild trägt den Titel »Die Schlacht bei Sievershausen gehalten 9. Juli 1553 anno Christi« und wurde von einem unbekannten Wandermaler aus Holland etwa 50 Jahre nach der verheerenden Schlacht auf der Feldmark zwischen Arpke und Sievers-

hausen angefertigt: In nur wenigen Stunden verloren etwa 4 000 Soldaten ihr Leben, rund 8 000 Kämpfer wurden verletzt.

Auftraggeber war der damalige Ortsgeistliche. Als Vorlage diente dem Maler eine Skizze aus dem Pfarrarchiv, es handelt sich gewissermaßen um eine frühe Form der Dokumentation. Dabei ging es bei dieser wohl größten Schlacht im heutigen Niedersachsen nicht um Glaubensfragen, die Kriegsparteien teilten sich hier nicht nach Konfessionen auf, sondern es ging um Vorherrschaft. Die Allianzen, die sich im Schmalkaldischen Bund gebildet hatten – dem Zusammenschluss protestantischer Fürsten gegen den altgläubigen Kaiser Karl V. und seine Verbündeten –, spielten allenfalls eine Nebenrolle. Dennoch: Die territorialen Veränderungen hatten auch Folgen für die Einführung der Reformation in den Städten und Fürstentümern der Welfen.

Ein Ort vergangenen Leids:
Blick über das historische Schlachtfeld
von Sievershausen

Ein Dokument des Krieges:
»Die Schlacht bei Sievershausen gehalten
9. Juli 1553 anno Christi«

Die Gegner standen sich mit riesigen Truppen gegenüber – rund 15 000 Soldaten auf sächsisch-braunschweigischer Seite unter der Führung von Moritz von Sachsen, auf der anderen Seite rund 18 000 Mann im Söldnerherr von Markgraf Alkibiades von Brandenburg-Kulmbach. Es kam zu einem ungeheuren Gemetzel. Zu den Siegern gehörte Heinrich der Jüngere, der bei diesem Kampf jedoch seine beiden Söhne verlor. Auch diese Szene ist auf dem kleinteiligen Gemälde festgehalten. Die Söhne gehörten, wie ihr Vater, zu den altgläubigen Welfenvertretern – im Gegensatz zu ihrem jüngsten Bruder Julius. Als ihr Nachfolger sollte er im Herzogtum Braunschweig-Wolfen-

büttel schließlich die Reformation einführen. Zu den Verlierern dieser Massenschlacht gehörte Elisabeth von Calenberg, sie hatte mit ihrem brandenburgischen Vetter paktiert. Nach der Niederlage musste sie ihre Residenz in Münden verlassen und ihre Machtansprüche endgültig aufgeben. → *Kirche zu Gottesdienstzeiten geöffnet; Näheres unter www.kirche-sievershausen.de*

In direkter Nachbarschaft zur Martinskirche, in einer alten Pfarrscheune, wurde 1978 ein **Antikriegshaus** als Dokumentationszentrum und Treffpunkt für internationale Friedensarbeit eingerichtet – ein Auftrag zur Versöhnung am authentischen Ort des Kriegsgeschehens und eine nachhaltige »Anstiftung zum Frieden«. → *Informationen zum Antikriegshaus Sievershausen unter www.antikriegshaus.de*

DER
PROTESTANTISCHE PIONIER

Herzog Ernst der Bekenner

ROUTE 7

Im Fürstentum Lüneburg gab es eine Reformation »von oben«. Herzog Ernst von Braunschweig-Lüneburg hatte in Wittenberg studiert und bekannte sich früh zum Luthertum. In der welfischen Residenzstadt Celle wurde der neue Glaube deshalb auch eher eingeführt als in der Salzstadt Lüneburg.
→ Die Heideroute führt von CELLE nach LÜNEBURG – mit einem Abstecher nach GIFHORN.

»Ich entziehe einer Philosophie das Vertrauen,
die vorgibt, dass die Auseinandersetzung
mit existentiellen Problemen beendet sei.
Ich entziehe einer Moral das Vertrauen,
die zu faul ist, sich dem Paradoxon
von Gut und Böse zu stellen und
sich lieber an ›funktioniert‹ oder ›funktioniert nicht‹ hält.«

Juli Zeh: Corpus deliciti, 2009

Celle

Das Konzert müsste einfach himmlisch klingen. Engel mit Harfe, Geige, Posaune, Flöte oder Trommel, dazu singende und betende Himmelsboten – sie zieren die Reliefs und Brüstungen der Emporen in der **Celler Schlosskapelle**. Musizierende Engel als Botschafter der Reformation: Anrührender ließe sich die neue Lehre Luthers kaum ins Bild setzen. Das Engelkonzert in dem Bildprogramm der Celler Schlosskapelle gehört zu den Höhepunkten reformatorischer Kunst des 16. Jahrhunderts in Norddeutschland – denn in Celle fand der neue Glaube besonders schnell Gehör. Herzog Ernst der Bekenner gehörte zu den ersten Anhängern Martin Luthers, er hatte in Wittenberg studiert und blieb mit dem Reformator persönlich in Kontakt. Die **Residenzstadt Celle** wurde früh evangelisch, 1524 predigte man in der Stadtkirche St. Marien bereits auf Deutsch. Gottschalk Kruse, der sich schon in Braunschweig für die Reformation stark gemacht hatte (Route 1), wurde an den Celler Hof geholt. 1527 führte Herzog Ernst der Bekenner die Reformation im gesamten Herzogtum Braunschweig-Lüneburg ein, damit zählte der Welfenfürst zu den Pionieren unter den bedeutenden evangelischen Fürsten Deutschlands. Von Celle aus regierten die Welfen damals über ein großes Herrschaftsgebiet, das von Harburg bis nach Lüchow-Dannenberg reichte. In Celle ereignete sich die Reformation »von oben«, sie war also, anders als in anderen Städten, keine »Bürgerbewegung«.

 Das Celler Schloss

Das Konzert der Engel: Details aus der Celler Schlosskapelle

Gifhorn

Wer sich auf den Weg macht nach Celle an der Aller, sollte zunächst einen Abstecher nach **Gifhorn** einplanen. Denn in der kleinen Stadt in der Südheide in der Nähe von Braunschweig ereignete sich eine interessante Episode welfischer Familienpolitik. Herzog Ernst der Bekenner, der allein in Celle regieren wollte, speiste seinen Bruder Franz mit einem Minifürstentum ab und schickte ihn knapp 50 Kilometer weiter südöstlich nach Gifhorn. Es ging dabei um familieninterne Machtstrategien und nicht etwa um Glaubensfragen. Denn beide Brüder waren überzeugte Protestanten, beide verbündeten sich gegen den altgläubigen Kaiser Karl V. und gründeten gemeinsam mit anderen reformatorisch gestimmten Fürsten den Schmalkaldischen Bund.

Herzog Franz herrschte also über das kleine **Fürstentum Gifhorn** mit Fallersleben und dem Klosteramt Isenhagen. In Gifhorn ließ er ein repräsentatives **Wasserschloss** im Stil der Weserrenaissance bauen und mit einer Kapelle nach der neuen Glaubenslehre ausstatten. Die Gifhorner betonen, dass in ihrer Stadt einer der ersten protestantischen Sakralbauten zwischen Heide, Harz und Leine steht. Die kleine **Schlosskapelle** wird heute gern als Traukapelle genutzt. Bemerkenswert ist das Altarbild des Künstlers Johannes Grützke von 1983 »Christus und der ungläubige Thomas«, das im Rahmen der Renovierungsarbeiten Einzug hielt – ein Beispiel dafür, dass historisches Erbe und zeitgenössische Kunst eine Balance finden können, auch wenn es zunächst Irritationen gab.

Die Emporen der Schlosskapelle gehören zum angrenzenden **Historischen Museum im Schloss**. Dort finden sich auch Exponate aus der Reformationszeit, darunter ein sogenannter »Gnadenpfennig«: eine Art Vorläufer des Ordens als Ehrenzeichen, mit dem Porträt des Herzogs und der Aufschrift »Wir sind des Herren, ob wir leben oder sterben«. Auf zwei Ofenkacheln sind die Reformatoren Martin Luther und Philipp Melanchthon zu sehen, Fundstücke frühneuzeitlicher Alltagskultur; Ofenkacheln dienten auch andernorts als Glaubensbekenntnis. Überdies übernachtete Martin Luthers Witwe Katharina von Bora in Be-

Himmelwärts verstrebt:
Deckenarchitektur und Emporen
der Schlosskapelle Gifhorn

Ins Gebet genommen: Johannes Grützkes Gemälde »Christus und der ungläubige Thomas«, flankiert von Herzogin Klara und Herzog Franz von Gifhorn

gleitung von Melanchthon 1547 im Schloss Gifhorn – sie war auf der Flucht nach Dänemark, auch davon erfahren die Besucher während der Führungen durch Schloss und Schlosskapelle. ➔ *Museum und Schlosskapelle dienstags bis freitags von 14 bis 17 Uhr, an Wochenenden und Feiertagen von 11 bis 17 Uhr geöffnet; www.museen-gifhorn.de*

Das älteste Haus der Stadt Gifhorn steht in der Fußgängerzone der historischen Altstadt: Das **Kavalierhaus** wurde 1546 erbaut und beher-

bergt heute den örtlichen Kulturverein. In seiner Regierungszeit richtete Herzog Franz im Cardenap 4 auch eine kleine Lateinschule ein, um dem Bildungsauftrag der Reformatoren in seiner Residenzstadt nachzukommen. Hier wurden die Jungen auf den Besuch einer weiterführenden Schule vorbereitet, später kam auch eine Mädchenschule dazu. Ein Brand im 18. Jahrhundert verwüstete einen Teil der ursprünglichen Gebäude. Da Herzog Franz und seine Frau Klara keinen männlichen Erben hinterließen, fiel das kleine Fürstentum nach dem Tod des Herzogs 1549 wieder an seinen Bruder und dessen Nachfolger in Celle zurück.

Reich und reformiert: Die Renaissancefassade des historischen Rathauses in Celle

Die **Residenzstadt Celle** wiederum wuchs mit Ernst dem Bekenner und seinem Sohn Wilhelm dem Jüngeren zu einem repräsentativen Herrschaftszentrum des Protestantismus. Fürstlicher Machterhalt und die Sorge um das Seelenheil der Untertanen gehörten zur Selbstinszenierung. Herzog Ernst holte den Reformator Urbanus Rhegius nach Celle, ernannte ihn zum Hof- und Stadtprediger, danach auch zum Superintendenten. Der Theologe und Prediger aus Augsburg arbeitete die Kirchenordnung für das Herzogtum Celle-Lüneburg aus und schuf neue kirchliche Verwaltungsstrukturen, später war er auch für die Stadt Hannover im Dienst (Route 6).

Ernst, der seit dem 18. Jahrhundert auch Ernst der Bekenner genannt wird, handelte nicht allein aus Glaubensgründen. Ihm war auch daran gelegen, seine Schuldenlast zu mindern, denn mit Aufhebung der Klöster und ihrer Umwandlung in staatliche Betriebe floss wieder Geld in die herzoglichen Kassen. Die **Altstadt** mit ihren mehr als 400 Fachwerkhäusern erinnert an jene baufreudige Epoche des Aufbruchs – auch das **historische Rathaus** erhielt eine prächtige Renaissancefassade, Stadtkirche und Schloss wurden umgestaltet. Vor einigen Jahren wurde dort das **Residenzmuseum** neu eingerichtet.

Eindrucksvolles Zeugnis protestantischer Glaubenskunst: Das Abendmahl in der Celler Schlosskapelle

Die **Celler Schlosskapelle**, die Wilhelm der Jüngere gut 20 Jahre nach dem Tod seines Vaters Ernst komplett neu gestalten ließ, bleibt ein überwältigendes Zeugnis protestantischer Glaubens- und Repräsentationskunst. In der Zeit von 1565 bis 1576 schuf der Antwerpener Künstler Marten de Vos einen Gemäldezyklus, in dem sich tiefer existenzieller Ernst und weltlicher Herrschaftsanspruch zu einem Regierungsprogramm der Reformation verdichten. Von den musizierenden Engeln war eingangs bereits die Rede, ihre Melodie sollte die Herrschenden auf das Amt als oberste Seelsorger und zugleich Machthaber über weltliche Geschäfte einstimmen. Noch waren Diesseits

und Jenseits eng miteinander verzahnt, der Fürst wurde zum Sachwalter des Heils seiner Untertanen und die Kirchenordnung Teil seines Herrschaftsinstrumentariums. So gesehen, wurde der Glaube also auch bürokratisiert und verstaatlicht. Zugleich übernahm der Fürst die Verantwortung für die ihm anvertrauten Seelen und seine Lebensführung bekam Vorbildfunktion.

Das alles lässt sich in der Celler Schlosskapelle geradezu exemplarisch ablesen – zumindest als Ideal. Dass die Realität anders aussah, zeigt der Blick in die Geschichte. Herzog Wilhelm der Jüngere von Braunschweig-Lüneburg jedenfalls legte die Messlatte besonders hoch. Die beiden Innenflügel des prachtvollen Altars zeigen den Welfenherzog und seine Gemahlin Dorothea kniend vor dem Altar, auf dem eine

haben diese Gemälde jedoch vor allem einen Bildungsauftrag. So stehen auch zwei Motive in der Celler Schlosskapelle an exponierter Stelle – die Taufe und das Abendmahl, die beiden Sakramente der evangelischen Lehre, im Zentrum ist der lehrende Christus. Es folgen Szenen aus dem Alten und Neuen Testament als Handlungsanweisung und moralische Richtschnur für den Fürsten. Die Sieben Werke der Barmherzigkeit galten als ethisches Konzept, ergänzt von den Tugenden wie Weisheit, Güte und Gerechtigkeit. Menschlich nah rückt die Figur Herzog Wilhelms, der seinen Kindern aus der Bibel vorliest.

Was macht einen guten Herrscher aus? Die Ausmalung der Kapelle ließe sich auch als Führungshandbuch für Eliten verstehen – und vielleicht sogar als Modell für die neue Vätergeneration. Dieser einzigartige Bilderschatz ist derzeit nur durch eine Glasscheibe hindurch zu bestaunen, aus konservatorischen Gründen bleibt die Kapelle für Besucher verschlossen. ➔ *Kapelle nur im Rahmen von Führungen durch das Residenzmuseum im Celler Schloss zugänglich, Öffnungszeiten dienstags bis sonntags 10 bis 17 Uhr; mehr Informationen unter www.residenzmuseum.de*

Prächtig bis ins Kleinste: Die Stifterbilder von Herzog Wilhelm dem Jüngeren und seiner Gemahlin Prinzessin Dorothea von Dänemark

aufgeschlagene Bibel liegt. Beide haben die Hände zum Gebet gefaltet, im Hintergrund ist übrigens das Gifhorner Wasserschloss zu sehen, ein Symbol territorialer Macht. Das Herrscherpaar umrahmt die Kreuzigungsszene, ein frühes Meisterwerk des Antwerpener Künstlers. Zum neuen protestantischen Machtverständnis gehörte auch, dass die Loge des Fürsten über der Kanzel angebracht war, als Zeichen dafür, dass der Landesherr die theologische Deutungshoheit lediglich an die Kirchenvertreter delegierte.

Doch dieser geradezu atemberaubende Bilderreichtum der lutherischen Theologie verweist auch auf die Schönheit als Dimension des Glaubens. Nach protestantischem Verständnis

Beeindruckend: Die Bilderflut in der Celler Schlosskapelle

Grablege der Welfenfürsten:
Die Stadtkirche St. Marien in der
Celler Altstadt

Wenige Schritte vom Schloss entfernt, in der **Stadtkirche St. Marien** in der Celler Altstadt, liegen die Welfenfürsten begraben. Im Kirchenschiff hat sich die Innenausstattung aus dem 16. Jahrhundert nahezu erhalten: Die zahlreichen Epitaphe erinnern an die Welfenherzöge und ihre Gemahlinnen, ein Grabdenkmal ist dem Superintendenten und protestantischen Mystiker Johann Arndt gewidmet, der 1621 verstarb. Der Taufstein von 1611 ist ein Meisterwerk der Spätrenaissance, während der Altar aus dem Jahr 1613 stammt und bereits Vorformen des Barock aufnimmt. Auf der Predella, dem Altarsockel, ist das Abendmahl-Gemälde von Marten de Vos aus der Celler Schlosskapelle in verkleinertem Format zu sehen. ⮞ *Stadtkirche St. Marien dienstags bis sonnabends von 10 bis 18 Uhr geöffnet,*

Besichtigung der Fürstengruft mittwochs und donnerstags mit Führung; www.stadtkirche-celle.de

Im **Bomann-Museum**, einem historistischen Bau am Rand der Altstadt, wird die Geschichte der Residenzstadt Celle dokumentiert. Ein Porträt aus der Cranach-Werkstatt zeigt Ernst den Bekenner, der 1546 starb, im gleichen Jahr wie Martin Luther. Auf dem Reichstag 1529 in Speyer gehörte Herzog Ernst übrigens zu den wenigen Fürsten, die gegen die Reichsacht protestierten, die über Luther verhängt worden war (⮞ *Bomann-Museum mittwochs bis montags von 10.30 bis 16.30 Uhr geöffnet; www.bomann-museum.de*). Direkt neben dem Bomann-Museum setzt das 24-Stunden-Kunstmuseum mit der Sammlung Robert Simon Lichtpunkte in der Stadt. Im Innern werden zeitgenössische Kunstwerke und Installationen präsentiert, seine Wirkkraft nach außen entwickelt das Haus vor allem im Dunkeln. Dann wird der milchige Quader in verschiedene Farben getaucht – und lädt Nachtschwärmer zu einer Farb-Licht-Performance ein, vis-à-vis vom Schloss. ⮞ *www.kunst.celle.de*

Lichtpunkte in der Stadt:
Das 24-Stunden-Kunstmuseum mit
der Sammlung Robert Simon

Der protestantische Pionier:
Herzog Ernst der Bekenner

Lüneburg

Blick über die Hansestadt:
Die berühmten Lüneburger
Backsteinkirchen

Während Ernst der Bekenner von Celle aus die Reformation zügig in seinem Herrschaftsgebiet einführte, hielt die **Salzstadt Lüneburg** rund 100 Kilometer weiter nördlich zunächst weiterhin am alten Glauben fest. Der Rat der Stadt zog nicht mit – diese Konstellation ist einmalig in der Reformationsgeschichte auf welfischem Gebiet. Lüneburg, damals nach Braunschweig die zweitgrößte Stadt mit seinerzeit rund 10 000 Einwohnern, ging einen eigenen Weg – unabhängig vom Landesherrn und doch in die gleiche Richtung. Die reiche und mächtige Hansestadt, heute ein touristisches Juwel, erlebte ihre Blütezeit im 15. und 16. Jahrhundert. Allein das prächtige **Rathaus von Lüneburg** gehört zu den größten und zugleich ältesten mittelalterlichen Rathäusern weit über den Norden Deutschlands hinaus.

Vollendet wurde der spätgotische Baukomplex im ausgehenden 16. Jahrhundert – eine eindrucksvolle Demonstration städtischer Macht, die sich von religiösen Motiven leiten und an den Idealen des Humanismus messen lassen wollte. So finden sich etwa in der sogenannten Gerichtslaube oder auch Ratsdörnse neben christlichen Szenen auf dem Deckengemälde von 1529 auch antike und historische Vorbilder, in der **Großen Ratsstube** des um 1564 errichteten Renaissancebaus ergeben die Malereien von Daniel Frese und die Schnitzarbeiten Albert von Soests ein seinerzeit »modernes« und auf die Ideale der Reformation verweisendes Regierungsprogramm weltlicher Herrschaft. Auf den Gemälden findet sich auch antipäpstliche Agitation – so wird etwa am Rand des Bildes »Staatsschiff« das Laster der Hochmut durch den Papst mit der Tiara symbolisiert. ➔ *Rathausführungen unter www.lueneburg.info*

Die imposante fünfschiffige Lüneburger Hauptkirche **St. Johannis** stammt aus dem Übergang vom 13. zum 14. Jahrhundert und gilt als Vorbild vieler Hallenkirchen im Norden. Ihr leicht schiefer Turm ragt knapp 109 Meter in die Höhe und zählt zu den höchsten Kirchtürmen in Niedersachsen. In der zentralen Hauptkirche wurde am Himmelfahrtstag 1530 mit Stephan Kempe der erste evangelische Pastor eingeführt – zuvor hatte er eine aus 50 Artikeln bestehende Neuordnung der Lüneburger Kirchenverhältnisse vorgelegt, die auch das Schul- und Armenwesen umfasste. Dabei hatte sich der altgläubige Rat zunächst heftig gegen die Einführung der Reformation gewehrt und in St. Johannis sogar einen Dominikanerprediger als Bollwerk gegen den Protestantismus eingesetzt – vergeblich. Die

Reformation als Regierungsprogramm: Die Große Ratsstube
im Lüneburger Rathaus

Bürger besuchten die evangelischen Gottes-
dienste in den Kirchen außerhalb der Stadtgrenzen. Im Kirchenschiff der mächtigen
St. Johanniskirche am Eingang zur Innenstadt
erinnern heute unter anderem zahlreiche Epitaphe an die ersten Bürgermeister der Reformation; bei den drei lebensgroßen Gemälden
von Martin Luther, Philipp Melanchthon und
Jan Hus handelt es sich offenbar um Kopien
älterer Werke. ➔ *Kirche St. Johannis täglich geöffnet, spezielle Kirchenführungen zum Reformationsjubiläum; www.st-johanniskirche.de*

Auch in Lüneburg verschaffte sich – wie in vielen anderen Städten – der neue Glaube zunächst mit protestantischen Gesängen Gehör.

So stimmte die Gemeinde in der Kirche **St. Nicolai** schon Anfang 1530 nach der Predigt das
deutsche Lutherlied »Ach Gott, vom Himmel
sieh darein« an. Es folgten Spottprozessionen
auf den Straßen und zähe Verhandlungen im
Rathaus. Die Nicolaikirche in der Neustadt
zwischen dem Markplatz und dem Hafen an
der Ilmenau wurde Anfang des 15. Jahrhunderts von den Patrizierfamilien und der Schif-
fergilde als Bürgerkirche erbaut – in Form einer
Basilika. Der stattliche Backsteinbau beherbergt ein besonderes Zeugnis aus reformatorischer Zeit: Zwei rund sieben Meter lange
Kommunionbanktücher aus Leinen mit Sei-
denstickerei, eines trägt die Jahreszahl 1542.
Eingestickt sind Episoden aus der Bibel: das
Gleichnis der klugen und törichten Jungfrau-
en aus dem Neuen sowie die Abrahamsge-
schichte von der Erscheinung der drei Engel
bis zur Hochzeit Isaaks aus dem Alten Testa-

ment. In der katholischen Kirche waren diese Kommunionbanktücher noch bis zum 2. Vatikanischen Konzil im Einsatz, um eine heruntergefallene Hostie aufzufangen. Diese Tücher wurden zunächst auch bei der lutherischen Abendmahlfeier verwendet, statt der Darstellung von Heiligen stickte man biblische Themen ein. Die Tücher wurden kürzlich restauriert und sollen demnächst öffentlich präsentiert werden. Im Kirchenschiff von St. Nicolai haben sich zahlreiche Schätze aus dem Mittelalter und der Zeit der Reformation erhalten. Sie stammen teils auch aus benachbarten Kirchen, etwa der Heiligenthaler Altar aus dem 15. Jahrhundert oder die Vorsatztafel für die Predella, den Sockel des Lamberti-Altars – eine Stiftung aus der Zeit um 1577 ebenfalls mit protestantischen Bildmotiven: Im Zentrum ist

Christus als Schmerzensmann zu sehen, flankiert von Kelch und Taufbecken, den beiden Sakramenten nach evangelischer Lehre.

➔ *Kirche St. Nicolai verlässlich geöffnet; www.st-nicolai.eu*

Der Weg in Richtung **Altstadt** führt über den **Ochsenmarkt.** In einem der Patrizierhäuser gegenüber dem Rathaus, am Ochsenmarkt 1, wohnte zwischen 1531 und 1534 der Reformator Urbanus Rhegius, als er die Schul- und Kirchenordnung für Lüneburg ausarbeitete und hier auch als Superintendent im Einsatz war. Anfang des 19. Jahrhunderts lebten für kurze Zeit die Eltern von Heinrich Heine in diesem Haus. Inzwischen wurde das **Heinrich-Heine-Haus** restauriert, in die obere Etage ist das Literaturbüro Lüneburg eingezogen, das unter

anderem die Gastdozentur bekannter zeitgenössischer Autoren in Zusammenarbeit mit der Leuphana Universität Lüneburg veranstaltet; zu den Dozenten gehörte auch die Schriftstellerin Juli Zeh.

Das ehemalige Benediktinerkloster **St. Michaelis** am Fuß der malerischen Altstadtgassen war zunächst ein Ort des Widerstands. Doch im Dezember 1532 feierten auch hier einige Konventualen erstmals das Abendmahl nach lutherischem Brauch, woraufhin der amtierende Abt einen Schlaganfall erlitten haben soll. Doch sein Amtsnachfolger Herbord von Holle führte die Reformation ein und sorgte dafür, dass das Michaeliskloster als evangelisches Männerkloster weitergeführt werden konnte – als einziges Männerkloster im Fürstentum.

Das Epitaph des ersten protestantischen Abtes ist eindeutig evangelisch geprägt – der Verstorbene trägt keine ordensgeistliche Tracht, sondern die eines protestantischen Theologen. Ein Reformationsdenkmal, das Herbords Nachfolger und Neffe Eberhard von Holle errichten ließ, zeigt neben Luther wichtige norddeutsche Reformatoren, unter ihnen Urbanus Rhegius und Stephan Kempe. Die Medaillons von Philipp Melanchthon und Martin Luther in den rundbogigen Nischen im Nordschiff stammen aus dem 16. Jahrhundert.

Die prachtvolle Kanzel von 1602 ist ebenfalls nach der neuen Lehre Luthers gestaltet – das Kunstwerk der Spätrenaissance verweist auf alttestamentliche Zitate sowie Szenen aus dem Leben Christi, getragen wird sie von der

145

Malerische Momente:
Die Altstadtgassen von Lüneburg

Im Dienst der Reformation:
Abt Herbord von Holle auf seinem Epitaph
in der Klosterkirche St. Michaelis

Figur des Apostels Paulus. Berühmt ist auch der monumentale mittelalterliche Hochaltar, der seinen Namen der »Goldenen Tafel« verdankt, einem wertvollen Schrein aus Gold- und Edelsteinen, der Ende des 17. Jahrhunderts einem spektakulären Raub zum Opfer fiel. Später wurde der Altar aus dem Hochchor entfernt und bald darauf nach Hannover gebracht. Die Altarflügel zählen zu den Hauptwerken der Gotik und gehören heute zum wertvollsten Besitz des Niedersächsischen Landesmuseums Hannover. Informationstafeln im Kirchenschiff von St. Michaelis verweisen auf die ursprüngliche Ausstattung.

➔ *ehemalige Klosterkirche St. Michaelis in Lüneburg verlässlich geöffnet, Führungen auf Anfrage; mehr unter www.sankt-michaelis.de*

Rund um St. Michaelis hatten sich im 15. und 16. Jahrhundert zahlreiche Töpferwerkstätten niedergelassen, das brachten archäologische Ausgrabungen zutage. Während der Reformationszeit wurden dort vor allem Ofenkacheln mit Luther-Porträts hergestellt, das neue Glaubensdesign fand offenbar großen Absatz. Zum Repertoire gehörten auch polemische Kachelmotive mit getöpferten Doppelköpfen in einer Kombination aus Kardinal und Narr. Zu sehen sind diese Funde im **Museum Lüneburg**. Dort steht auch der protestantische Schriftaltar aus der Gutskapelle Heiligenthal – eine Arbeit aus dem späten 16. Jahrhundert, die dokumentiert, dass das Wort grundsätzlich höher zu schätzen sei als ein Altarbild. Das Museum Lüneburg wurde 2015 neu eröffnet und präsentiert nun die kulturhistorischen, archäologischen und naturhistorischen Sammlungen – deutlich erweitert – unter einem Dach. Eine große Fensterfront gibt den Blick frei auf die backsteinroten Kirchtürme der Salzstadt. Der Museumskomplex liegt in der Nähe des Bahnhofs – ein Besuch zum Auftakt oder zum Abschluss komplettiert den Stadtrundgang auf den Spuren der Reformation.

➔ *www.museumlueneburg.de*

Vor der Glasur: Schrühbrand einer Ofenkachel mit Wendemotiv »Narr und Kardinal« im Museum Lüneburg

Rundgang durch das Museum Lüneburg: Der protestantische
Schriftaltar aus der Gutskapelle Heiligenthal

Die Lüneburger Klöster

Nur knapp eine Viertelstunde Fußweg von der Innenstadt Lüneburgs entfernt liegt das **Kloster Lüne**, eines der sechs **Lüneburger Klöster**, die mit der Reformation als evangelische Frauenklöster weitergeführt wurden und bis heute bestehen. Hier leben alleinstehende protestantische Frauen, die meisten nach ihrem Berufsleben. Wie die Calenberger Klöster sind auch die Heideklöster authentische Orte gelebter protestantischer Frömmigkeit, gemeinsam bilden sie eine in Deutschland einmalige Klosterlandschaft. Sie werden von der Klosterkammer Hannover verwaltet und sind unabhängig von der Landeskirche. Für jedes dieser Klöster sollte man einen Tagesausflug einplanen.

→ *Informationen zu den Angeboten sowie Öffnungszeiten der einzelnen Klöster unter www.klosterkammer.de*

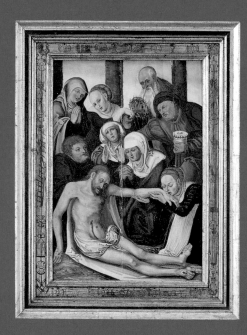

Aus der Cranach-Werkstatt: »Die Beweinung Christi« von 1538 im Kloster Lüne

Als Ernst der Bekennner die Reformation in den Klöstern einführen wollte, traf er auf heftigsten Widerstand. Daher hob er die Frauenklöster nicht auf, zog aber einen Großteil des klösterlichen Vermögens ein, übernahm dafür die Unterhaltungspflicht und setzte eine neue Klosterordnung durch. Im Kloster Lüne, das im 12. Jahrhundert gegründet wurde, schloss sich die Klostergemeinschaft erst 1562 dem neuen Glauben an. Anfang des 17. Jahrhunderts gab es erste Veränderungen im protestantischen Sinn. Zu den Klosterschätzen gehört unter anderem ein Gemälde aus der Werkstatt Lucas Cranachs des Älteren, »Die Beweinung Christi« von 1538, sowie im Kapitelsaal eine Porträtreihe der evangelischen Klostervorsteherinnen ab 1580 bis heute. Das Klostermuseum erinnert an die bewegte Geschichte des Konvents und präsentiert eine Sammlung kostbarer Textilien. Mit Vorträgen,

Reformation nur gegen Widerstände:
Das Kloster Isenhagen

Lesungen und besonderen geistlichen Impulsen schließt sich das Kloster dem kulturellen Leben der Stadt Lüneburg an.
→ *www.musik-und-stille.de*

Die musikalischen Meditationsabende im Kloster Lüne verweisen auf eine besondere Tradition – lässt sich doch der Übergang von der altgläubigen zur evangelischen Klosterfrömmigkeit besonders eindrucksvoll am musikalischen Erbe nachvollziehen. Das haben jüngst musikwissenschaftliche Forschungen, unter anderem an der Hochschule für Musik, Theater und Medien in Hannover, am Beispiel der Lüneburger Klöster ergeben. In den klösterlichen Archiven stießen die Experten auf mittelalterliche Pergamente und Handschriften, die später für neue Bucheinbände »recycelt« wurden und deshalb erhalten geblieben sind. Mit Einführung der Reformation wurden alte Kirchenlieder teils umgetextet und anverwandelt, das galt auch für die Litaneien, die von evangelischen Klosterfrauen weiterhin gern gesungen wurden. Hier entdeckte man auch erste Passionen, erarbeitet von Kantoren vor Ort, lange bevor Heinrich Schütz oder Johann Sebastian Bach mit ihren Werken die reformatorischen Seelen stärken sollten. Mittlerweile werden einige dieser Musikstücke aus den Klosterarchiven auch auf historischen Instrumenten nachgespielt und öffentlich aufgeführt

Ein Ort der Bildung und der Bücher:
Kloster Medingen

Im **Kloster Isenhagen** findet sich beispielsweise ein Cantionale mit Kirchengesängen auf Deutsch und Latein – protestantische geistliche Lieder, die nach mittelalterlichen Melodien gesungen wurden. Das »Cantionall-Buch« von 1573 ist im Klostermuseum ausgestellt, ebenso eine Luther-Bibel von 1564 sowie ein Hostieneisen von 1543, dessen Prägestempel einen Pelikan zeigt, der sich für seine Jungen opfert – als Sinnbild für das Kreuzopfer Christi. Eine rund zwei Meter lange, schwere und kunstvoll bemalte Truhe aus der Zeit um 1500 bezeugt, dass sich auch im Kloster Isenhagen die Reformation nur gegen Widerstände einführen ließ. Zwar war es das erste der Lüneburger Klöster, das 1540 die neue Lehre annahm, doch die letzte katholische Äbtissin Margarete von Boldensen blieb altgläubig. Sie verließ Isenhagen und nahm in dieser Truhe das gesamte Archiv mit nach Halberstadt, nach ihrem Tod kam der Besitz nach Isenhagen zurück. Ihre Nachfolgerin Judita von Bülow führte das

Kloster in evangelischem Glauben weiter. Bis heute pflegt der Konvent von den klösterlichen Tagzeitgebeten das gemeinsame Mittagsgebet und zur Wochenschlussandacht auch das Abendgebet. → *Kloster von April bis Mitte Oktober an Nachmittagen für Besucher geöffnet, Führungen beschäftigen sich auch mit der Reformationszeit; www.kloster-isenhagen.de*

Im **Kloster Medingen** nördlich von Bad Bevensen lebten seinerzeit vor allem Frauen aus Lüneburger Patrizierfamilien. Anfang des 16. Jahrhunderts waren es mehr als 300 Schwestern und Laienschwestern. An die Tradition der Gelehrsamkeit, die dort schon im Mittelalter das Leben der Klosterfrauen prägte, erinnern die vielen Handschriften aus der Medinger Schreibwerkstatt, die heute in internationalen Bibliotheken zu finden sind. Umso heftiger formierte sich der Widerstand gegen die Einführung der Reformation, eine Luther-Bibel soll dort von einer der Äbtissinnen sogar verbrannt worden sein. Schließlich verrauchte die Wut. 1567 wurde die erste evangelische Äbtissin vom Landesherrn in ihr Amt eingeführt, vermutlich auf Vermittlung der Lüneburger Familien, die sich mit dem Luthertum angefreundet hatten. Das Klosterleben veränderte sich, später lebten die Frauen in eigenen Wohnungen mit Gartenparzellen zur Selbstversorgung. Heute ziehen die historischen Damengärten dreimal im Jahr zahlreiche Besucher an. Das Kloster Medingen öffnet seine Pforten regelmäßig für Führungen, Ausstellungen oder Konzerte sowie für geistliche Angebote.

Die Heilige Stadt Jerusalem
im Zentrum: Die mittelalterliche Weltkarte
im Kloster Ebstorf

Auch im **Kloster Ebstorf** wehrten sich die Frauen lange gegen die Einführung der Reformation, erst 1565 wählte der Konvent die erste evangelische Klostervorsteherin. Um 1300 erlebte das Kloster seine erste Blüte, aus dieser Zeit sind noch zahlreiche Spuren erhalten. Heute ist der Konvent vor allem bekannt we-

gen der berühmten Ebstorfer Weltkarte: Die mit mehr als drei Metern Durchmesser wohl größte und umfangreichste Radkarte aus dem Mittelalter wurde im 19. Jahrhundert in einer Abstellkammer des Klosters gefunden. Im Zentrum dieser historischen »mappa mundi« liegt Jerusalem, verzeichnet sind aber auch Städte wie Braunschweig, Lüneburg, Ebstorf oder Rom – ein früher theologisch grundierter Vorläufer von Google Earth. Das Original wurde ins Landesarchiv nach Hannover gebracht und ist 1943 verbrannt, eine Kopie der Weltkarte wird im Kloster präsentiert. Ihre Führungen durch die historischen Klosterräume verstehen die Konventualinnen bis heute als moderne Form der Glaubensverkündigung.

Bis ins 10. Jahrhundert zurück reicht die Geschichte im **Kloster Walsrode.** Das Kloster ist die Keimzelle der Stadt und liegt – umgeben von einer alten Mauer – im Zentrum der lebendigen Kleinstadt. Ein Ort der Stille und Beständigkeit. Es ist das älteste der Lüneburger Klöster. Um den lutherischen Glauben einzuführen, musste der Landesherr auch hier Druckmittel einsetzen. 1530 verbot der Herzog die katholische Messfeier und zog Teile des Klosterschatzes ein – Kreuze, Kelche und Patenen, entsprechende Quittungen finden sich in den Klosterakten. Eine Äbtissin soll sogar mit dem Pantoffel nach dem lutherischen Prediger geworfen haben. Dass die Konventualinnen weiterhin dem alten Glauben anhingen und nur unter Androhung der Ausweisung das Abendmahl in beiderlei Gestalt annahmen, zeigen entsprechende Vorschriften in den Klosterordnungen. 1570 war der Wechsel zur Lehre Luthers vollzogen. Immer wieder wird eines deutlich: Glaubenstraditionen lassen sich nicht einfach per Dekret abstreifen. Heute engagieren sich die Konventualinnen in der Gemeindearbeit vor Ort und im karitativen Bereich, beim sonntäglichen Gottesdienst in der benachbarten Stadtkirche tragen auch die Klosterdamen aus Walsrode den Chormantel.

Zu den bekanntesten evangelischen Konventen gehört das **Kloster Wienhausen** bei Celle. Das ehemalige Hauskloster der Welfen aus rotem Backstein ist ein Touristenmagnet. Die kostbaren mittelalterlichen Kunstschätze und die berühmten gotischen Bildteppiche bezeugen den Reichtum des mittelalterlichen Zisterzienserinnenklosters. Die Einführung der Reformation führte auch in Wienhausen zu dramatischen Szenen: 1587 setzte der Celler Superintendent die erste evangelische Äbtissin ein, ihren Zisterzienserinnen-Habit legten die Klosterdamen erst 1616 ab. Während der Führungen lassen die Konventsdamen die Geschichte des Klosters Revue passieren. Freitags singt der Konvent die Vesper im Nonnenchor, der mit prachtvollen Wandmalereien aus dem 14. Jahrhundert ausgestattet ist – eingeladen sind alle, die auch heute offen sind für die klösterlichen Glaubensmelodien. Die Stickkurse, in denen der Klosterstich geübt wird, sind meist schon Monate im Voraus ausgebucht.

So mag der Leitspruch des Komponisten Gustav Mahler für die seit Jahrhunderten durchbeteten Klosterräume gelten – aber auch für die vielen Gotteshäuser, in denen Überlieferung und Aufbruch ihren Weg in die Zukunft suchen: »Tradition ist die Weitergabe des Feuers und nicht die Anbetung der Asche.«